Sabine Seyffert (Lieder: Detlev Jöcker)

Sommer, Spaß und Sonnenschein

Illustrationen: Susanne Krauß

 Menschenkinder

1. Auflage 2000
Menschenkinder Verlag, 48157 Münster
Alle Rechte vorbehalten. Nachdruck - auch auszugsweise -
nur mit Genehmigung des Verlages.
Druck: Westermann Druck Zwickau GmbH
Redaktion: Jutta Nymphius, Hamburg
Satz und Layout: Pixel's Corner, Münster
Notengrafik: Kuntze-Music, Georgsmarienhütte

Printed in Germany 2000

Die Deutsche Bibliothek - CIP-Einheitsaufnahme:

Sommer, Spaß und Sonnenschein : Spiel- und Beschäftigungsbuch für die Ferien- und Sommerzeit /
Sabine Seyffert. (Lieder: Detlev Jöcker). Ill.: Susanne Krauß. - Münster : Menschenkinder, 2000
ISBN 3-89516-106-3

Die Ferien haben begonnen!
Spiele für lange Autofahrten

Sand und Meer
Spiele am Strand

Plisch, Platsch, nasser Spaß!
Spiele mit Wasser

Kunterbunte Spielwiese
Spielaktionen im Freien

Erdbeereis und Palmendrink
Rezeptideen für heiße Tage

Kühle Erfrischungen

Sommerliche Grillparty

Coole Drinks

Die Ferien haben begonnen!

Spiele für lange Autofahrten

Oft beginnen die ersehnten Ferien mit für die Kinder schrecklich langweiligen Autofahrten. Die in diesem Kapitel vorgestellten Spiele helfen die Zeit auf vergnügliche Art und Weise zu vertreiben.

Außerdem können vielleicht die folgenden bewährten Tipps und Ideen hilfreich sein:

• Halten Sie etwas zu trinken und eine Kleinigkeit zu essen bereit. Mit Wasser verdünnter Saft, ungesüßte Früchte- oder Kräutertees oder Mineralwasser sind geeignete Durstlöscher. Frisches Obst, vorbereitete Butterbrote oder kleine Snacks wie Salzstangen oder Vollkornkekse vertreiben den Hunger, ohne schwer im Magen zu liegen.

• Im Handel erhältlich sind spezielle Taschen, die man an der Rückseite des Fahrer- oder Beifahrersitzes befestigen kann. Dort hinein können Sie den Kindern etwas zum Zeitvertreib stecken, beispielsweise kleine Bücher, Stifte und Papier o.Ä. Für ältere Kinder sind ein Walkman und Kassetten oftmals unentbehrlich.

• Auch hat es sich bewährt, die Kinder zum Start in die Ferien mit einer netten Kleinigkeit zu überraschen. Das könnte beispielsweise eine neue Kassette oder ein neues Buch sein, das eine Zeit lang willkommene Abwechslung bietet.

Die Zahlenreihe

Material:

So geht's:

Die Spielerinnen und Spieler einigen sich auf eine Zahl, beispielsweise die 7, die in der nun zu bildenden Zahlenreihe nicht vorkommen darf. Dann beginnen alle abwechselnd laut zu zählen:
1, 2, 3, 4, 5, 6 ... 8, 9, 10, 11, 12, 13, 14, 15, 16 ... 18 usw.

Tipp:

Ältere Kinder können zusätzlich darauf achten, dass die genannten Zahlen nicht durch 7 teilbar sind. Das trainiert nebenbei das Einmaleins!

Rate mal

Material:

So geht's:

Das Kind mit den längsten Haaren (den hellsten Augen, mit der dicksten Nase o.Ä.) darf anfangen und denkt an einen beliebigen Gegenstand. Die anderen versuchen nun durch Fragen herauszufinden, um was es sich dabei handelt. Wer den richtigen Gegenstand erraten hat, denkt sich als Nächster etwas aus.

Hallo Auto, woher kommst du?

Material: Straßenatlas

So geht's:

Die Kinder halten nach einem Auto Ausschau, das ihnen gefällt, und schauen sich das Nummernschild an. Dann versuchen sie zu raten, aus welcher Stadt dieses Auto kommt. Wenn nötig, schlagen sie anschließend in einem Straßenatlas nach.

Tipp:

Ältere Kinder können zusätzlich aufzählen, was ihnen zu dieser Stadt einfällt. Vielleicht kennt jemand Prominente, die dort wohnen, Sehenswürdigkeiten, Spezialitäten o.Ä.

An was denkst du bei ...?

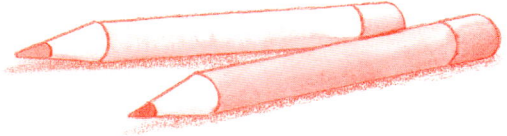

Material: Papier und Stifte

So geht's:

Der oder die Jüngste in der Runde nennt einen beliebigen Begriff, beispielsweise „Meer". Nun notiert jeder für sich Dinge, die ihm spontan zu diesem Begriff einfallen. Anschließend wird verglichen. Taucht dabei ein Begriff häufiger auf, gibt es pro Spieler so viele Punkte, wie der Begriff vorkommt. Für Begriffe, die nur einmal vorkommen, gibt es auch nur einen einzigen Punkt.

Ich kenne Mister X

Material:

So geht's:
Ein Kind beginnt und denkt an eine Person, die die übrigen Spielerinnen und Spieler alle kennen. Das kann beispielsweise „Schneewittchen" oder „Pippi Langstrumpf", aber auch ebenso gut eine reale Person zum Beispiel aus dem Fernsehen sein.
Alle Kinder stellen nun der Reihe nach je eine Frage und versuchen dabei herauszufinden, um welche Person es sich handelt. Alle Fragen dürfen aber lediglich mit „Ja" oder „Nein" beantwortet werden.
Das Kind, das zuerst auf die Lösung kommt, darf sich als Nächstes eine bekannte Persönlichkeit überlegen.

Tipp:
Bei jüngeren Kindern kann es hilfreich sein, zunächst ein paar Beispielfragen zu geben:
• Ist die Person eine Frau/ein Mann?
• Gibt es diese Person wirklich/ist es eine Figur aus einem Märchen?
• Hat diese Person dunkle Haare/helle Haare/Locken/Zöpfe?
• Ist diese Person ein Kind/ein Erwachsener?
u.Ä.
Auch kann der Personenkreis bei jüngeren Kindern deutlich eingegrenzt werden, um das Raten zu erleichtern. Dann dürfen beispielsweise nur Märchenfiguren, Popsänger o.Ä. ausgewählt werden.

Wie viele LKWs?

Material: ggf. Stifte und Papier

So geht's:
Innerhalb von 5 Minuten (oder einer beliebig anderen Zeitspanne) zählt jeder Teilnehmer, wie viele LKWs er oder sie gesehen hat. In der nächsten Spielrunde werden dann Wohnwagen, Motorräder, Tankstellen, Flugzeuge, Busse u.Ä. gezählt.

Tipp:
Für den Fall, dass der ein oder andere Spieler gern etwas schummelt, sollten sicherheitshalber die Nummernschilder der gezählten LKWs notiert werden.

Wenn wir mit dem Auto flitzen

Text: Rolf Krenzer / Musik: Detlev Jöcker

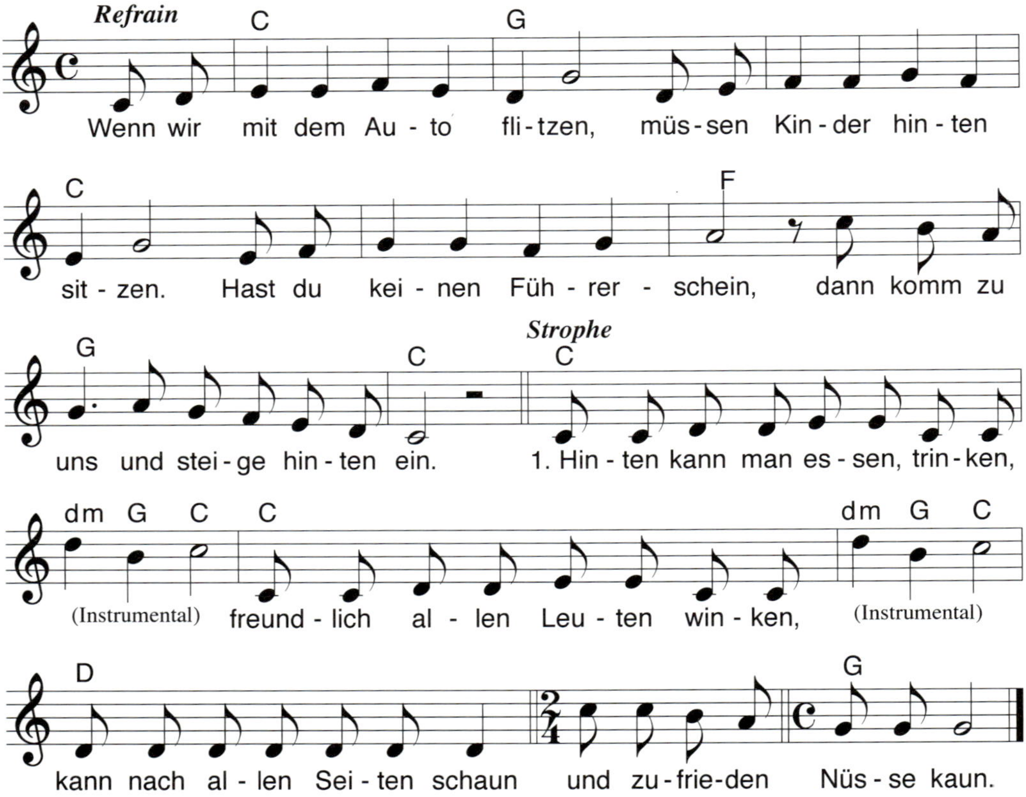

Refrain

Wenn wir mit dem Au - to fli - tzen, müs - sen Kin - der hin - ten sit - zen. Hast du kei - nen Füh - rer - schein, dann komm zu uns und stei - ge hin - ten ein.

Strophe

1. Hin - ten kann man es - sen, trin - ken, (Instrumental) freund - lich al - len Leu - ten win - ken, (Instrumental) kann nach al - len Sei - ten schaun und zu - frie - den Nüs - se kaun.

Refrain: Wenn wir mit dem Auto flitzen …

2. Man kann Schwarzer Peter spielen,
   andern in die Karten schielen.
   Hinten liest man mit Genuss
   dicke Bücher bis zum Schluss.

Refrain: Wenn wir mit dem Auto flitzen …

3. Hinten kann beim Überholen
   man sich freuen und verstohlen
   andern lange Nasen drehn.
   Vorn, da kann man das nicht sehn.

Refrain: Wenn wir mit dem Auto flitzen …

4. Muss der Fahrer vorne schaffen,
   kann man hinten ruhig schlafen.
   Und man ist, eh' man erwacht,
   schon ans Reiseziel gebracht.

Wann sind wir denn endlich da?

Text: Georg Bühren / Musik: Detlev Jöcker

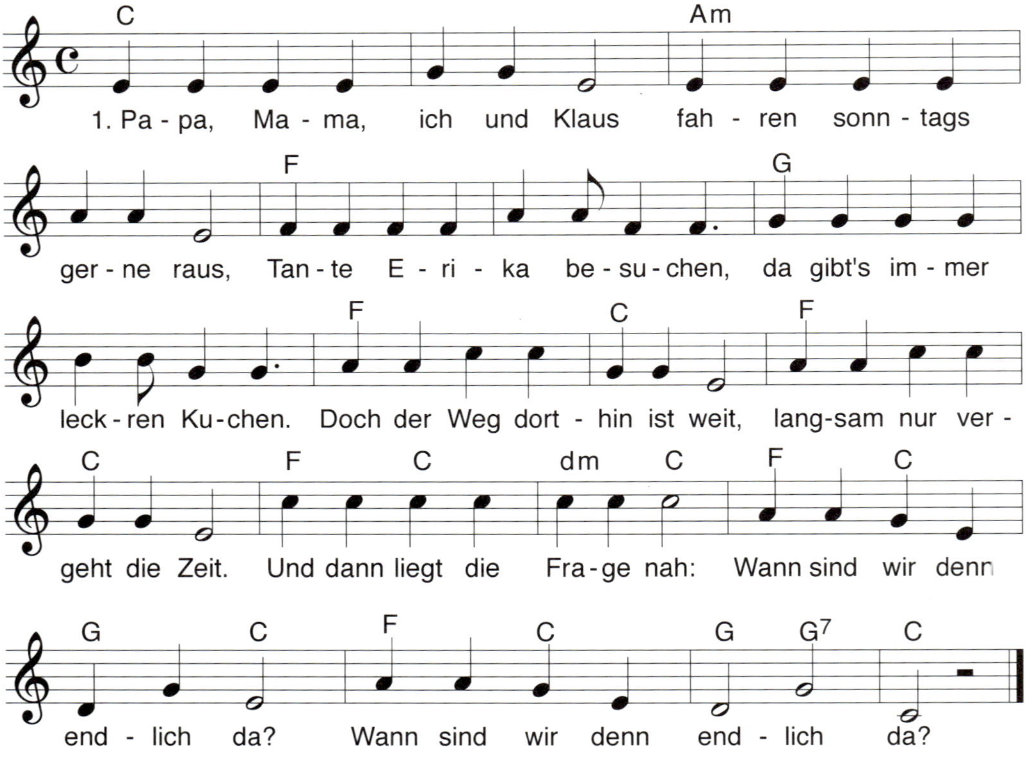

1. Pa-pa, Ma-ma, ich und Klaus fah-ren sonn-tags ger-ne raus, Tan-te E-ri-ka be-su-chen, da gibt's im-mer leck-ren Ku-chen. Doch der Weg dort-hin ist weit, lang-sam nur ver-geht die Zeit. Und dann liegt die Fra-ge nah: Wann sind wir denn end-lich da? Wann sind wir denn end-lich da?

2. Papa hört das gar nicht gern,
   denn das Ziel ist noch so fern.
   Unruhig wühlt er in den Haaren.
   „Wir sind grad erst losgefahren",
   sagt er deutlich und man hört,
   dass ihn diese Frage stört.
   „Eine Stunde, das ist klar,
   eh'r sind wir bestimmt nicht da!
   Eh'r sind wir bestimmt nicht da!"

3. Eine Stunde, die ist lang,
   Papa fährt im fünften Gang.
   „Können wir 'ne Pause machen?"
   Papa findet's nicht zum Lachen.
   „Nein", sagt er, „jetzt ist es gut!"
   Vorsicht, gleich packt ihn die Wut.
   „Wenn ich jetzt ins Rasthaus fahr,
   sind wir erst heut Abend da,
   sind wir erst heut Abend da!"

5. Mama meckert Papa an:
   „Du mit deiner Autobahn!
   Wärn wir über Land gefahren,
   könnten wir uns das hier sparen.
   Siehst du, jetzt stehn wir im Stau,
   allen ist der Magen flau,
   so wie ich es kommen sah,
   und wir sind noch lang nicht da!
   Und wir sind noch lang nicht da!"

6. Weil jetzt was passieren muss,
   sag ich: „Jetzt ist aber Schluss",
   drück zwei Knöpfe und ruf: „Klaus,
   fahr mal die Propeller aus!"
   Unser Hubschrauber hebt ab,
   streift die andern Autos knapp,
   und im Nu sind wir dann da.
   „Hallo, Tanta Erika.
   Jetzt sind wir endlich da!
   Ja, jetzt sind wir endlich da!"

4. Klaus ist schlecht, er muss mal raus,
   Mama stöhnt nur: „Typisch Klaus!"
   Doch auch ich werd ungeduldig,
   und mir wird's im Magen mulmig.
   Mama sagt: „Du musst was essen!
   Ach, Proviant hab' ich vergessen!
   Nein, das ist ja wohl nicht wahr,
   wären wir bloß endlich da!"

Fünf gewinnt

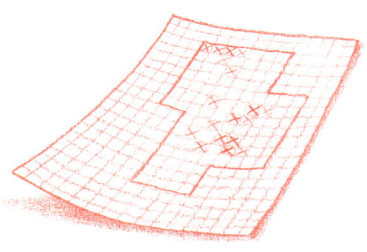

Material: Ein kariertes Blatt Papier, pro Kind ein Stift in einer anderen Farbe

So geht's:
Auf dem Blatt wird zunächst das Feld, in dem gespielt werden soll, umrandet. Am einfachsten ist hierfür ein Quadrat. Nun malen die Spielerinnen und Spieler der Reihe nach je ein Kreuz in das markierte Feld. Wer zuerst 5 Kreuze in einer Reihe hat, ist Sieger.

Tipp:
Kniffliger wird es, wenn man das gesamte Blatt als Spielfeld nimmt oder ein Feld mit unregelmäßigen Rändern markiert. Für ältere Kinder kann die Aufgabe auch beliebig erweitert werden. Dann muss man beispielsweise 7 Kreuze in einer Reihe haben oder die Reihen können auch diagonal sein u.Ä.
Sind nicht genügend Stifte in verschiedenen Farben vorhanden, können die Kinder auch unterschiedliche Symbole zeichnen: Kreise, Punkte, Striche, Sterne usw.

Autorennen

Material:

So geht's:
Zunächst wird ein bestimmtes Zeitlimit festgesetzt, beispielsweise 2 Minuten. Die Spielerinnen und Spieler beginnen mit 100 Punkten. Bei jedem Auto, das überholt wird, ziehen sie einen Punkt ab, da sie sich der „Spitze" nähern. Werden sie hingegen selbst überholt, rechnen sie einen Punkt hinzu und fallen einen Platz zurück. Nach der vereinbarten Zeit können die Kinder anhand der Punktzahl sehen, welchen Rang sie bei dem Rennen einnehmen.

Achtung: Sicherheitshalber sollte darauf geachtet werden, dass der Autofahrer von dem Spiel nichts mitbekommt!

Tipp:
Dieses Spiel lässt sich auch sehr gut allein spielen.

Alle Autos aus Wuppertal

Material:

So geht's:

Während einer Zeitspanne von 10 Minuten versucht jeder zu zählen, wie viele Autos aus Wuppertal unterwegs sind. Vielleicht fallen den Kindern ja auch besonders viele Fahrzeuge auf, die aus einem anderen Ort kommen. Daran lässt sich meist erkennen, in der Nähe welcher Stadt man sich im Moment befindet.

Tipp:

Natürlich kann man auch jede andere Stadt wählen. Für die Kinder ist meist die eigene Heimatstadt am spannendsten.
Schulkinder können auch nach Fahrzeugen aus dem Ausland Ausschau halten, beispielsweise aus Holland, Frankreich oder Österreich. Dabei lernen sie gleichzeitig die Kennzeichen der jeweiligen Länder kennen!

Wer winkt mir zu?

Material:

So geht's:

Ein seit Generationen beliebtes Spiel auf langen Autofahrten: Die Kinder winken den vorbeifahrenden Fahrzeugen zu und schauen, wer zurückwinkt. Manche Leute sind sehr freundlich, winken und lächeln, andere bemerken gar nichts oder schauen sogar grimmig zur Seite. Wer kommt innerhalb einer bestimmten Zeitspanne auf die meisten freundlichen Zeitgenossen?

Tipp:

Dieses Spiel lässt sich auch schon mit den Allerjüngsten spielen.
Ältere Kinder können, ausgerüstet mit Zettel und Stift, zusätzlich eine kleine Statistik aufstellen: Welche Menschen winken am häufigsten zurück? Sind es ältere Menschen? Personen, die alleine im Auto fahren? Busfahrer? Oder andere Kinder?

Aus meinem Zauberkoffer

Text und Musik: Detlev Jöcker

C   G

1. Aus mei - nem Zau - ber - kof - fer hört man laut ein

C *Geräusch*   F

„Tut!" Aus mei-nem Zau - ber - kof - fer hört man laut ein

G *Geräusch*   F

„Tut!" In mei-nem Zau - ber - kof - fer, das ist wirk - lich

C   C   F

wahr, da ist ein Au - to _____ und das macht:

C *Geräusch*   G

„Tut!" Das fin - den ich und du, wir al - le wun - der -

C   C   G   C

bar. Das fin - den ich und du, wir al - le wun - der - bar.

16

2. Aus meinem Zauberkoffer
   hört man laut ein „Hahaha!"
   Aus meinem Zauberkoffer
   hört man laut ein „Hahaha!"
   In meinem Zauberkoffer,
   das ist wirklich wahr,
   da ist ein Clown
   und der macht: „Hahaha!"
   Das finden ich und du,
   wir alle wunderbar.
   Das finden ich und du,
   wir alle wunderbar.

3. Aus meinem Zauberkoffer
   hört man laut ein „Quietsch!"
   Aus meinem Zauberkoffer
   hört man laut ein „Quietsch!"
   In meinem Zauberkoffer,
   das ist wirklich wahr,
   ist eine Tür
   und die macht: „Quietsch!"
   Das finden ich und du,
   wir alle wunderbar.
   Das finden ich und du,
   wir alle wunderbar.

4. Aus meinem Zauberkoffer
   hört man laut ein „Muh!"
   Aus meinem Zauberkoffer
   hört man laut ein „Muh!"
   In meinem Zauberkoffer,
   das ist wirklich wahr,
   ist eine Kuh
   und die macht „Muh!"
   Das finden ich und du,
   wir alle wunderbar.
   Das finden ich und du,
   wir alle wunderbar.

5. Aus meinem Zauberkoffer
   hört man jetzt ein: „......"
   Aus meinem Zauberkoffer
   hört man jetzt ein: „......"
   In meinem Zauberkoffer,
   das ist wirklich wahr,
   ist nichts mehr drin
   und das macht: „........"
   Das finden ich und du,
   wir alle wunderbar.
   Das finden ich und du,
   wir alle wunderbar.

Ich fahre in den Urlaub und nehme mit ...

Material:

So geht's:

Dieses Spiel müssen mindestens 2 Kinder miteinander spielen. Ein Kind beginnt und sagt beispielsweise: „Ich fahre in den Urlaub und nehme mit ... ein Kofferradio!"
Das nächste Kind wiederholt den Satz und packt einen Gegenstand dazu. Mal sehen, wer den dicksten Koffer hat und sich alles merken kann, was mit in den Urlaub muss!

Tipp:

Ältere Kinder dürfen nur solche Gegenstände mitnehmen, die denselben Anfangsbuchstaben wie das Ferienziel haben. Geht der Urlaub also beispielsweise auf die Insel Langeoog, dürfen nur Sachen mit, die mit „L" beginnen: Luftmatratze, Landkarte, Lutscher, ja vielleicht sogar ein Luftkissenboot!

Was beginnt mit „Be"?

Material:

So geht's:

Zunächst werden 2 Anfangsbuchstaben bestimmt, beispielsweise „Be". Nun nennen alle Spielerinnen und Spieler nacheinander Dinge, die mit diesen Buchstaben beginnen: Bein, Beeren, Besen, Bett, Bezug usw. Wenn einem Kind kein Begriff mehr einfällt, scheidet es aus. Das Kind, das zum Schluss übrig bleibt, darf die nächsten beiden Anfangsbuchstaben wählen!

Tipp:

Es sollte darauf geachtet werden, dass die Buchstabenkombination nicht zu ausgefallen ist. Denn mit den Anfangsbuchstaben „Xr" ist das Spiel sicherlich schnell beendet!

Es war einmal ...

Material:

So geht's:
Ein Spieler denkt an ein bestimmtes Märchen. Die anderen sollen nun durch Fragen herausbekommen, um welches Märchen es sich dabei handelt. Das Kind, das das Märchen erkannt hat, ist als Nächstes an der Reihe. Wer kennt sich am besten aus und wird Märchenkönig?

Tipp:
Dieses Spiel eignet sich eher für Schulkinder. Noch schwieriger wird es, wenn die Spielerinnen und Spieler bekannte Redewendungen aus Märchen auswählen und zitieren. Wer den richtigen Märchentitel dazu weiß, ist als Nächstes an der Reihe. Folgende Redewendungen dürften zum Beispiel den meisten bekannt sein:

• *Knusper, Knusper, Knäuschen, wer knuspert an meinem Häuschen?*
  Aus „Hänsel und Gretel"

• *Bäumchen, rüttle dich und schüttle dich, wirf Gold und Silber über mich!*
  Aus „Aschenputtel"

• *Ich bin so satt, ich mag kein Blatt.*
  Aus „Tischlein, deck dich!"

• *Spieglein, Spieglein an der Wand, wer ist die Schönste im ganzen Land?*
  Aus „Schneewittchen und die 7 Zwerge"

Wie lang ist eine Minute?

Material: Eine Uhr mit Sekundenzeiger

So geht's:
Ein Kind beginnt und darf nach dem Startsignal schätzen, wie lang eine Minute ist. Dazu schaut ein weiteres Kind auf die Uhr und gibt, sobald der Sekundenzeiger auf der 12 steht, das Kommando: „Los!"

Wenn das erste Kind meint, die Minute sei um, wird geschaut, um wie viele Sekunden es sich verschätzt hat. Dann ist das nächste Kind an der Reihe.

Das Stöhnlied

Text: Lore Kleikamp / Musik: Detlev Jöcker

Strophe D   A   D   em

1. Herr - je - mi - neh! Nun reicht's mir a - ber! Bin schon steif vom

A

vie - len Sit - zen. Will mich rek - ken und mich deh - nen, vom

D   A4   3   **Refrain**

Kopf bis in die Fin - ger - spit - zen.   Und

em   A   D   hm

stöhn da - bei, u - a - hh! Mir ist's e - gal, u - a - hh! Das

em   A   1. D   2. D

tut so gut, drum stöhn ich noch ein - mal!   Und mal!

2. Jetzt mach ich es wie Hund und Katze.
   Streck den Nacken und den Rücken.
   Räkel mich, ganz sanft und langsam,
   ich kann mich drehen und mich bücken.

Refrain: Und stöhn dabei …

3. Zu guter Letzt muss ich nun gähnen…
   Atme tief in Bauch und Backen.
   Weit reiß ich den Mund nun auf.
   Dann lass ich mich zusammensacken.

Refrain: Und stöhn dabei …

21

Sand und Meer

Spiele am Strand

Sommerferien am Meer - für viele Kinder gibt es kaum etwas Schöneres. Dieses Kapitel zeigt, dass es neben dem beliebten Sandburgenbauen noch eine Vielzahl weiterer Möglichkeiten gibt, einen Tag am Strand vergnüglich zuzubringen. Und das Beste: Das benötigte Spielmaterial wie Sand, Muscheln, Steine, Wasser usw. liegt schon bereit!

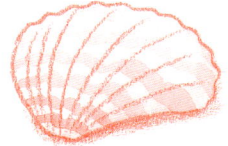

Spurensuche

Material:

So geht's:
Am Strand gibt es immer zahlreiche Spuren, zum Beispiel von Kindern und Erwachsenen, die dort spazieren gegangen, oder von Hunden oder Vögeln, die über den Sand gelaufen sind. Jeder Teilnehmer sucht sich eine Spur und folgt ihr. Wohin führt sie ?

Tipp:
Vielleicht fällt dem einen oder anderen Mitspieler eine kleine Geschichte ein, die er zu seiner Spur erzählen möchte.

Strandpaare

Material: Pro Kind ein kleiner Karton

So geht's:
Jedes Kind erhält einen kleinen Karton, in dem sich verschiedene Fundstücke vom Strand befinden, wie zum Beispiel eine Miesmuschel, ein Schneckenhaus, ein kleiner Stein, eine Krebsschere, eine Vogelfeder o.Ä.
Nun sollen die Spielerinnen und Spieler versuchen innerhalb einer vereinbarten Zeit am Strand passende Gegenstücke zu diesen Dingen zu finden.

Tipp:
Für jüngere Kinder kann man auch die Gegenstücke auf einem begrenzten Stück Strand verstecken.

Wasserbilder

Material: Pro Kind eine Gießkanne oder eine Plastiktüte, in die ein kleines Loch geschnitten wird

So geht's:
Zunächst sucht sich jedes Kind eine Stelle im trockenen Sand, die es sorgfältig glatt streicht. Dann werden in die Gießkannen oder die Plastiktüten etwas Wasser gefüllt. Damit können die Kinder nun ein Bild, Muster oder Formen in den Sand malen. Das ist leichter gesagt als getan, denn das Malen mit Wasser ist gar nicht so einfach!

Tipp:
Leider halten diese Wasserbilder nicht lange, da der Sand recht schnell wieder trocknet. Am besten werden daher zum Schluss alle Kunstwerke fotografiert. Das ist außerdem eine schöne Erinnerung an den Strandurlaub!

Fingerbilder

Material:

So geht's:
Diesmal malen die Kinder in den *feuchten* Sand. Eine geeignete, glatte Stelle finden sie nah am Wasser. Und statt Pinsel nehmen sie einfach die Finger!
Das Kind mit den kleinsten Füßen darf beginnen. Mit seinen Fingern malt es ein Bild, ein Symbol o.Ä. Wer errät, um was es sich dabei handelt?

Tipp:
Wer mag, kann sein Bild noch mit Hilfe von Muscheln, Steinen o.Ä. verschönern.

Was ist denn das?

Material:

So geht's:

Sandburgen kennt wohl jeder. Aber ein richtiges Sandauto? Oder eine Schildkröte aus Sand? Die kann man zum Beispiel ganz einfach bauen, indem man einen kleinen Hügel aus feuchtem Sand aufschüttet, diesen mit zahlreichen Muscheln bestückt und zum Schluss noch Kopf, Beine und Schwanz an den Muschelpanzer baut.

Wie wäre es mit einem kleinen Wettbewerb oder auch einer „Sandgalerie", in der jeder sein selbst gebautes Kunstwerk ausstellen darf?

Tipp:

Große Dinge, wie beispielsweise ein richtiges Rennauto, lassen sich am besten folgendermaßen herstellen: Zunächst wird ein riesiges Rechteck aus nassem Sand aufeinander geschüttet und gut festgeklopft. Aus diesem Sandklotz „meißelt" man dann ähnlich wie ein Bildhauer das Auto mit all seinen Formen und Ecken heraus. Ein auf diese Weise gebautes Auto ist sehr stabil und man kann sogar darin sitzen!

Muschelsuche

Material: Ein Lineal oder Maßband

So geht's:

Muschel ist nicht gleich Muschel! Es gibt kleine und große, helle und dunkle, bunte und einfarbige, glatte und solche mit Rillen und und und …

Zunächst machen sich alle auf die Suche nach der kleinsten und nach der größten Muschel. Mit einem Lineal oder Maßband wird der erfolgreichste Finder ermittelt. Danach kann die Muschelsuche mit beliebig anderen Eigenschaften fortgesetzt werden.

Tipp:

Wenn die Kinder mögen, können sie die Muscheln aufheben und zu Hause auf ein buntes Blatt Tonkarton kleben. Neben jede Muschel notieren sie den genauen Fundort, das Datum und die Maße. An die Wand gehängt wird dieses Muschelbild auch im Winter noch für ein wenig Sommerstimmung sorgen!

Muschelschlange

Material: Eine Uhr

So geht's:
Zunächst wird eine bestimmte Zeit festgelegt, am besten 5 bis 15 Minuten. Die Spielerinnen und Spieler teilen sich in 2 Gruppen auf. Nachdem der Spielleiter das Startsignal gegeben hat, beginnen die Gruppen jeweils eine Schlange aus Muscheln zu legen. Welche Schlange ist nach Ablauf der Zeit am längsten?

Tipp:
Natürlich können dieses Spiel auch nur 2 Kinder gegeneinander spielen; allerdings ist es im Team lustiger.
Wenn man es nicht so genau nimmt, dürfen sich zwischen die Muscheln auch ein paar Steine oder andere Fundstücke mogeln!

Tiefer und tiefer

Material: Pro Kind eine Schaufel

So geht's:
Die Kinder teilen sich in 2 Gruppen auf. Jedes Kind erhält eine Schaufel. Sobald das Startsignal ertönt, geht's los. Welche Gruppe schafft es zuerst, ein so tiefes Loch in den Sand zu graben, dass sie auf Wasser stößt?

Tipp:
Jüngere Kinder sollten nicht gegeneinander spielen, da die gestellte Aufgabe eine gewisse motorische Geschicklichkeit voraussetzt. Um den Spaß am Spiel nicht zu verderben, graben jüngere Kinder daher am besten gemeinsam.
Je weiter man sich übrigens vom Meer entfernt, desto tiefer muss man buddeln, um auf Wasser zu stoßen!

Geheimnisvolle Abdrücke

Material: Einige den Kindern bekannte Gegenstände

So geht's:
Zunächst sucht man sich eine glatte, feuchte Fläche im Sand. Dort hinein drückt die Spielleiterin oder der Spielleiter einige Gegenstände und entfernt sie anschließend wieder, so dass nur die Umrisse zurückbleiben. Die Kinder sollen nun erraten, um welche Gegenstände es sich gehandelt hat.

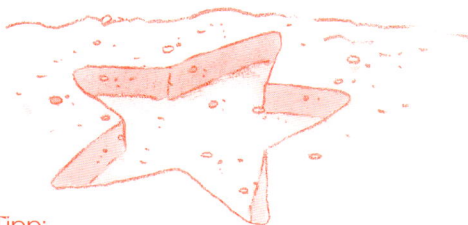

Schatztruhe

Material: Pro Kind 10 verschiedene kleine Gegenstände (beispielsweise ein Stück Stoff, ein bunter Flaschenverschluss, ein Korken, ein Sandförmchen u.Ä.)

So geht's:
Die Spielleiterin oder der Spielleiter baut für jedes Kind eine „Schatztruhe" (einen rechteckigen Klotz aus Sand). Beim Bauen versteckt er darin jeweils 10 verschiedene Gegenstände.
Nun setzt sich jedes Kind vor seine Schatztruhe und versucht so schnell wie möglich die 10 kleinen „Schätze" zu bergen!

Tipp:
Natürlich können die Kinder dieses Spiel auch ohne die Hilfe eines Erwachsenen spielen. Dazu stecken sie verschiedene Gegenstände in einen Sack. Ein Kind beginnt und nimmt einen Gegenstand heraus, um damit einen Umriss in den Sand zu drücken. Das Kind, das den Gegenstand zuerst erkennt, ist als Nächstes an der Reihe.
In jedem Fall sollte bei der Auswahl der Gegenstände darauf geachtet werden, dass sie eindeutige Formen aufweisen; sonst wird es zu schwierig.

Tipp:
Weniger Aufwand bedeutet es, wenn man einfach Muscheln und Steine vom Strand in der Truhe versteckt. Dabei muss dann jedoch darauf geachtet werden, dass der beim Bauen verwendete Sand ansonsten frei von diesen Dingen ist. Außerdem müssen Muscheln und Steine so groß sein, dass sie auch wirklich gefunden werden können. Wenn die Kinder Lust haben, können sie sich auch gegenseitig die Schatztruhen bauen und mit selbst gesuchten Dingen füllen!

Ich schaukel auf dem Wasser

Text: Lore Kleikamp / Musik: Detlev Jöcker

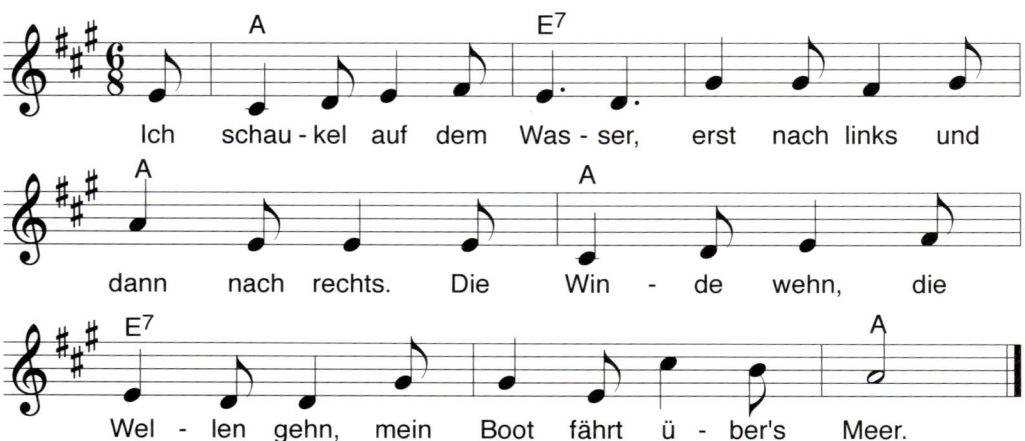

Ich schau-kel auf dem Was-ser, erst nach links und
dann nach rechts. Die Win - de wehn, die
Wel - len gehn, mein Boot fährt ü - ber's Meer.

2. Ich werfe meine Netze,
   erst nach links und dann nach rechts.
   Die Winde wehn, die Wellen gehn,
   mein Boot fährt übers Meer.

3. Ich schaue übers Wasser,
   erst nach links und dann nach rechts.
   Die Winde wehn, die Wellen gehn,
   mein Boot fährt übers Meer.

4. Ich wink' zu anderen Fischern,
   erst nach links und dann nach rechts.
   Die Winde wehn, die Wellen gehn,
   mein Boot fährt übers Meer.

5. Ich zieh' die Netze ein,
   erst nach links und dann nach rechts.
   Die Winde wehn, die Wellen gehn,
   mein Boot fährt übers Meer.

6. Ich fahre in den Hafen,
   erst nach links und dann nach rechts.
   Die Winde wehn, die Wellen gehn,
   mein Boot fährt übers Meer.

Sandeimerhüpfen

Material: Pro Kind ein großer Eimer, ein weiterer Eimer

So geht's:

Die Eimer werden kopfüber in einem Abstand von ungefähr 1/2 Meter in einer Reihe aufgestellt. Jedes Kind klettert nun auf seinen Eimer, wobei der erste Eimer in der Reihe unbesetzt bleibt.

Dann geht es los. Die Spielerinnen und Spieler springen je einen Eimer nach vorn. Das letzte Kind in der Reihe hebt seinen nun freien Eimer auf und reicht ihn nach vorn weiter. Ist der Eimer beim ersten Kind angekommen, stellt dieses ihn, ohne seinen eigenen Eimer dabei zu verlassen, wieder etwa 1/2 Meter weiter vor sich auf den Boden. Dann geht das Ganze von vorn los. Welche Strecke können die Kinder auf diese Weise zurücklegen und wer schafft es dabei, kein einziges Mal von seinem Eimer zu fallen?

Tipp:

Dieses Sandeimerhüpfen ist eine ganz schön wackelige Angelegenheit und erst für Kinder ab etwa 6 Jahren geeignet.

Muschelweitwurf

Material:

So geht's:

Jedes Kind sucht sich am Strand eine schöne Muschel. Dann wird mit Hilfe eines Stocks eine Abwurflinie im Sand markiert. Von dort versucht nun jedes Kind seine Muschel so weit wie möglich zu werfen. Und das ist gar nicht so einfach, denn die Muscheln sind recht leicht und fliegen nicht so gut wie zum Beispiel Steine!

Mit welcher Muschel geht es wohl am besten?

Sandige Fußstaffel

Material: Pro Gruppe ein kleiner Eimer, eine Uhr

So geht's:
Die Kinder teilen sich in Gruppen auf. Nehmen nur wenige Kinder teil, können diese auch allein gegeneinander spielen.
Dann wird eine Startlinie markiert. Im Abstand von ungefähr 2-3 m dazu werden die Eimer in einer Linie aufgestellt und fest in den Sand gedrückt, damit sie nicht umkippen können.
Als Spielzeit werden 5 Minuten vorgegeben. Nach dem Startsignal beginnt jeweils ein Kind jeder Gruppe. Die Spielerinnen und Spieler sollen versuchen, mit ihren Füßen auf irgendeine Weise Sand zu ihrem jeweiligen Eimer zu transportieren - ohne Zuhilfenahme der Hände! Dabei können sie nach Belieben gehen, hüpfen, laufen oder springen. Der transportierte Sand wird, wiederum ohne Hände, in den Eimer gekippt. Dann laufen die Kinder schnell zurück und schlagen den nächsten Spieler ihrer Gruppe ab. Wer hat nach Ablauf der 5 Minuten am meisten Sand in seinem Eimer?

Muschelhüpfen

Material: -

So geht's:
Jedes Kind sucht sich eine Muschel. Im Sand werden eine Start- und in einiger Entfernung dazu eine Ziellinie markiert.
Alle Spielerinnen und Spieler stellen sich nun am Start in einer Reihe auf. Sie legen sich jeweils ihre Muschel auf den Kopf und los geht es. Ohne Zuhilfenahme der Hände sollen sie die Muscheln so schnell wie möglich zur Ziellinie transportieren.

Tipp:
Die Muscheln können natürlich auch auf beliebig andere Körperteile gelegt und zum Ziel transportiert werden, zum Beispiel:
• auf die Nase
• auf das rechte, angezogene Knie, wobei auf dem anderen Bein zur Ziellinie gehüpft wird
• auf den Bauchnabel, wobei sich die Kinder im Spinnengang vorwärts bewegen.

Piraten mit Holzbein

Material:

So geht's:
In den Dünen zu spielen ist an den meisten Stränden, verständlicherweise, verboten. Aber dennoch lässt sich sicherlich ein Sandhügel oder kleiner Abhang finden, der nicht in besonderer Weise geschützt werden muss.
Für dieses Spiel verwandeln sich alle Kinder in kleine Piraten mit Holzbein. Dazu umfasst jedes Kind eines seiner Knie und zieht es an den Körper heran. Mit dem anderen Bein hüpft es nun den Hügel hinauf. Das wird sich schnell als ganz schön mühsam erweisen! Sind schließlich alle Piraten oben angekommen, geht es wieder bergab. Auch das klappt auf nur einem Bein ganz gut. Aber aufgepasst, man wird dabei schneller und schneller …

Piraten sind immer sehr ideenreich und so versuchen sie auch mal auf dem Bauch den Hügel hinauf zu robben, sie lassen sich den Hang hinunterkullern u.A. Besonders begabte Piraten singen auch noch ein schön-schräges Seeräuberlied dazu!

Tipp:
Besonderen Spaß macht das Spiel, wenn sich die Kinder noch passend verkleiden. Das geht ganz einfach: Ein Baumwolltuch wird um den Kopf gebunden und hinten verknotet. Dazu noch ein gestreiftes T-Shirt übergezogen und eine Augenklappe mit schwarzer Schminke gemalt - und schon sind aus den Kindern grimmige Freibeuter geworden!

Ein Kribbeln und Krabbeln

Material:

So geht's:
Alle Spielerinnen und Spieler bauen gemeinsam eine riesige Sandburg. Wichtig dabei ist, dass der Sand ganz feucht ist, damit die Burg auch wirklich stabil ist. Denn ist die Burg fertig, werden mit den Händen Gänge und kleine Tunnel geschaufelt, die so groß sind, dass die Kinderhände hineinpassen. Alle Gänge sollen sich in der Burgmitte treffen.

Dann verteilen sich die Kind um die Burg herum und greifen mit einer Hand in je einen Gang hinein. Wer auf eine andere Hand stößt, versucht durch Fühlen und Tasten herauszufinden, zu wem diese Hand gehört. Ein Riesenspaß!

Siggi, das Strandungeheuer

Material:

So geht's:
Alle Spielerinnen und Spieler stellen sich hintereinander auf. Nun streckt jedes Kind seinen rechten Arm zwischen den Beinen hindurch zum hinter ihm stehenden Kind. Mit dem linken Arm greift es nach vorn und fasst die rechte, ihm entgegengestreckte Hand des vorderen Mitspielers.
Jetzt heißt es gut aufgepasst! Siggi, das Strandungeheuer, geht um. Siggi wandert gemütlich hin und her, kreuz und quer am Strand entlang.

Tipp:
Nach einigem Üben wird sich Siggi, das Strandungeheuer, problemlos bewegen können, ohne dass jemand dabei verloren geht. Besonders viel Spaß macht es dann, wenn Siggi Fangen spielt. Jeder, den das Ungeheuer berührt oder einkesselt, muss sich ihm anschließen. Auf diese Weise wird das Strandungeheuer größer und größer!

Gefangen!

Material:

So geht's:
Die Kinder spielen paarweise zusammen. Ein Kind stellt sich in einen leichten Grätschstand, sodass es stabil steht. Sein Partner versucht nun es schnellstmöglich bis zu den Knien einzugraben, damit es nicht mehr weglaufen kann!
Im nächsten Durchgang werden die Rollen getauscht und die jeweiligen Partner sind die Gefangenen.

Tipp:
Ältere Kinder können gemeinsam versuchen einen Freiwilligen bis zum Bauch im Sand verschwinden lassen. Wer hat Lust dabei die Zeit zu stoppen?

Hallo, kleiner Wal

Text und Musik: Detlev Jöcker

Refrain

Hal - lo, klei - ner Wal, lebst im wei - ten Meer.

Heu - te lernst du schwim - men und das ist gar nicht

schwer. **Strophe** 1. Du stößt nach vor - ne im - mer - zu, mit

dei - ner gan - zen Kraft. Es klappt so gut, dass

du es ger - ne gleich noch ein - mal machst.

Refrain: Hallo, kleiner Wal …

2. Du stößt nach hinten immerzu,
   mit deiner ganzen Kraft.
   Es klappt so gut, dass du es gerne
   gleich noch einmal machst.

Refrain: Hallo, kleiner Wal …

3. Du stößt nach hinten und nach vorn
   zugleich, und das im Takt.
   Es klappt so gut, dass du es gerne
   gleich noch einmal machst.

Refrain: Hallo, kleiner Wal …

4. Bald schwimmst du schon und ganz allein
   zu deinem Freund Delphin,
   um dann mit ihm den ganzen Tag
   durchs große Meer zu ziehn.

Refrain: Hallo, kleiner Wal,
   lebst im weiten Meer.
   Endlich kannst du schwimmen,
   und das ist gar nicht schwer.

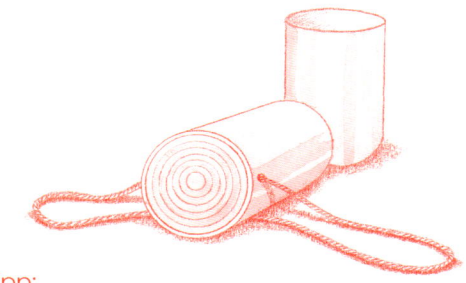

Auf Stelzen durch den Sand

Material: 2 gleich große leere Kaffe- oder
Konservendosen, Nagel, Hammer, Kordel,
Schere

So geht's:
Als Spielvorbereitung werden aus den leeren, gesäuberten Dosen Stelzen hergestellt.
Dazu dreht man die offene Seite nach unten und bohrt in den oberen Dosenrand mit
Hilfe von Hammer und Nagel zwei einander
gegenüberliegende Löcher. Durch diese
wird die Kordel gezogen, die so lang sein
muss, dass die Kinder beide Enden in der
Hand halten können, wenn sie mit den
Füßen auf den Dosen stehen.
Dann geht es los. Die Spielerin oder der
Spieler stellt sich auf beide Stelzen und soll
nun durch den Sand marschieren, ohne
herunterzufallen. Eine ganz schön wackelige Angelegenheit!

Tipp:
Wenn mehrere Kinder mitspielen, kann man
natürlich auch mehrere dieser Stelzen vorbereiten. Oder aber die Kinder spielen als
Staffel in 2 Gruppen gegeneinander. Das
macht auch viel Spaß, setzt aber ein gewis-
ses Maß an Geschicklichkeit voraus, besonders dann, wenn es auf Schnelligkeit ankommt!

Kecke Krebse

Material:

So geht's:
Heute sind alle Kinder kleine kecke Krebse,
die nur Unsinn im Kopf haben. Dazu setzen
sich alle in den Sand, stützen sich auf Händen und Füßen ab und heben dabei den
Bauch an. Und weil die kecken Krebse so
übermütig sind, laufen sie nur seitwärts! Welcher Krebs ist als Erster auf dem nächsten
Sandhügel? Oder wie wäre es mit einem
Wettlauf ans Wasser?

Tipp:
Die Kinder dürfen selbst entscheiden, was
die kleinen Krebse alles anstellen. Und dabei können auch schon die kleinsten Spielerinnen und Spieler mitmachen!
Wer weiß, vielleicht findet sich am Strand sogar ein echter Krebs, dem alle eine Weile zu-
sehen können?

Geringelte Beine

Material: Wasserfarbe

So geht's:

Die Spielerinnen und Spieler malen sich mit dem Finger einen oder mehrere Kringel um die Wade. Die Anzahl der Kringel sollte jedoch bei jedem Kind gleich sein.
Nach dem Startsignal geht es los ins flache (!) Wasser. Wer schafft es sein Bein so schnell wie möglich von allen Kringeln zu befreien, ohne die Hände zu Hilfe zu nehmen?

Achtung: Bei Kindern, die nicht schwimmen können, sollte unbedingt ein Erwachsener zur Aufsicht dabei sein! Er muss unbedingt darauf achten, dass sich die Kinder nur am Rand des Wassers aufhalten, wo die Wellen sanft auslaufen!

Flaschenpost

Material: Eine kleine leere Flasche mit Verschluss, Zettel, Stift

So geht's:

Zu einem Urlaub am Meer gehört natürlich auch eine echte Flaschenpost. Dazu schreibt oder malt jedes Kind einen netten kleinen Brief und notiert seinen Absender darauf. Schließlich wird der Brief zusammengerollt und in die Flasche gesteckt. Diese wird sorgfältig verschlossen und dann kann die Reise losgehen! Wohin die Flasche wohl gespült wird? Ob jemand eines Tages antwortet, vielleicht aus einem fernen Land? Ahoi, kleine Flaschenpost, gute Fahrt und schöne Reise!

Tipp:

Eine Flaschenpost darf man natürlich nur bei Ebbe ins Wasser werfen und verschicken. Denn bei Flut würde sie sofort wieder an Land gespült!

Plitsch, Platsch, nasser Spaß!

Spiele mit Wasser

Wenn die Sonne scheint und es heiß ist, tut eine kleine Abkühlung gut. Spiele rund ums Wasser sind im Sommer daher vergnüglich und erfrischend zugleich!

Achtung: Für Spiele im Freien müssen Kinder im Sommer unbedingt mit Sonnenmilch mit einem möglichst hohen Schutzfaktor von ca. 20-26 eingecremt werden! Dies gilt insbesondere, wenn sich die Kinder am Wasser aufhalten oder mit Wasser spielen, denn dann ist die Gefahr einen Sonnenbrand zu bekommen besonders groß! Die Sonnenmilch sollte wasserfest sein und mehrmals täglich aufgetragen werden!

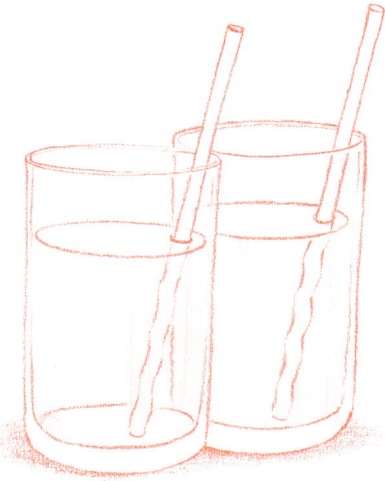

Strohhalmstaffel

Material: Pro Kind ein Strohhalm, 2 gleich große Gläser, 2 Plastikschüsseln

So geht's:
Die Spielerinnen und Spieler teilen sich in 2 Gruppen auf und stellen sich jeweils hintereinander in eine Reihe. In einigen Metern Entfernung steht je eine mit Wasser gefüllte Schüssel.
Jedes Kind erhält einen Strohhalm. Nach dem Startsignal laufen die beiden ersten Kinder los. Sie versuchen mit Hilfe des Stroh-halms so viel Wasser wie möglich aus der Schüssel zu saugen und in dem Strohhalm zurückzubefördern. Dort pusten sie das Wasser aus dem Strohhalm in das Glas, das der jeweils letzte Spieler in der Reihe bereithält. Und schon läuft der Nächste mit seinem Strohhalm los. Welche Gruppe hat zuerst ihr Glas bis zum Rand gefüllt?

Welcher Ballon zerplatzt zuerst?

Material: Pro Kind ein kleiner runder Luftballon

So geht's:

Jedes Kind erhält einen mit Wasser gefüllten
und gut zugeknoteten Luftballon. Dann
sucht es sich einen Partner. Die beiden stellen sich gegenüber und nach dem Startsignal beginnen sie ihre Ballons gegeneinander zu schlagen. Derjenige, dessen Ballon zuerst zerplatzt, hat verloren. Ein kleiner
Trost: Den „Sieger" erwartet eine kalte Dusche!

Tipp:

Dieses Spiel ist in der Regel bei Kindern sehr
beliebt, denn hier können sie sich so richtig
austoben und eventuell aufgestaute Ge-
fühle abreagieren. Daher ist es ratsam Ballons für weitere Spieldurchgänge bereitzu-
halten!

Wilde Wasserschlacht

Material: Eine sehr große Schüssel oder ein
Plantschbecken, zahlreiche Luftballons, leere ausgespülte Shampooflaschen, Spritztiere, Wasserpistolen u.Ä.

So geht's:

Für dieses Spiel stellt man eine große, mit
Wasser gefüllte Schüssel oder besser noch
ein Plantschbecken bereit. Daneben liegen
zahlreiche mit Wasser gefüllte Ballons, leere Plastikflaschen, Spritztiere u.Ä.
Dann darf die Schlacht beginnen: Jedes
Kind versucht mit Hilfe der bereitliegenden
Dinge die anderen möglichst nass zu machen!

Tipp:

Die Kinder sollten gebeten werden, nur auf
Rumpf und Beine zu zielen. Aus Sicher-
heitsgründen muss der Kopf bei dieser
wilden Wasserschlacht unbedingt ausge-
spart werden!

Wasser-Weitspritzen

Material: Pro Kind eine leere gesäuberte Shampooflasche o.Ä. aus weichem Plastik

So geht's:
Jedes Kind erhält eine mit Wasser gefüllte Flasche. Nun stellen sich alle Spielerinnen und Spieler nebeneinander in einer Reihe auf. Dann geht's los. Jeder darf versuchen durch festen Druck auf seine Flasche einen Wasserstrahl so weit wie möglich zu spritzen.

Tipp:
Am besten führt man dieses Spiel auf einem glatten, steinigen Untergrund durch, damit man auch gut sehen kann, bis wohin die Kinder gespritzt haben. Mit einem Metermaß lässt sich die Entfernung auch ganz genau feststellen.
Diese Spielidee lässt sich auch beliebig abändern. Beispielsweise können die Kinder versuchen mit ihrem Wasserstrahl einen nahe gelegenen Baumstamm zu treffen, sie können in einen leeren Eimer zielen u.Ä.

Trinkhalm-Weitspucken

Material: Pro Kind ein Trinkhalm, eine Schüssel

So geht's:
Die Schüssel wird mit Wasser gefüllt und bereitgestellt. Jedes Kind erhält einen Trinkhalm und saugt diesen voll. Nach dem Startsignal versucht es das Wasser aus dem Trinkhalm so weit wie möglich zu spucken.

Tipp:
Auch dieses Spiel lässt sich vielfach variieren: Wer spuckt den schönsten Bogen, wer spuckt am höchsten usw.
Vielleicht findet sich auch ein Freiwilliger, der sich als Zielscheibe „opfert". Als Dank dafür bekommt er eine kühle Dusche, die ihn fürs nächste Spiel stärkt und erfrischt!

Wen trifft das Wasser?

Material: Ein Gartenschlauch

So geht's:
Alle Spielerinnen und Spieler stellen sich in einen Kreis. In der Mitte steht der Spielleiter und hält den Wasserschlauch in seiner Hand. Sobald das Wasser aufgedreht wird, beginnt sich der Spielleiter langsam im Kreis zu drehen und hält dabei den Wasserstrahl ungefähr auf Knöchelhöhe der Kinder. Diese versuchen rechtzeitig in die Höhe zu springen, sobald sie das Wasser erreicht, damit sie nicht nass werden. Gelingt dies einem Kind nicht, muss es nun selbst in die Mitte und sich mit dem Schlauch drehen!

Wehe, wenn ich wütend bin ...

Material: Pro Kind ein runder Luftballon

So geht's:
Jedes Kind bekommt einen mit Wasser gefüllten Ballon. Nun stellen sich alle vor, so richtig wütend, zornig und böse zu sein! Die ganze Wut darf an dem Ballon ausgelassen werden. Wie lange halten die Ballons der großen Wut wohl Stand?
Zerplatzt schließlich der Ballon, wird aller Ärger mit dem Wasser fortgespült!

Tipp:
Jeder, auch die Kinder, kennt das Gefühl, so richtig wütend und zornig zu sein. Doch Kinder wissen häufig nicht, wie sie ihren Gefühlen einmal freien Lauf lassen und sie abreagieren können, ohne dabei anderen Schaden zuzufügen. Dieses Spiel ist dafür genau richtig, denn den Ballons tut nun einmal nichts weh. Und danach fühlen sich die Kinder oftmals richtig befreit!
Als Spielvariante kann jeder auch einmal versuchen einen gefüllten Luftballon zum Platzen zu bringen, der nicht rund ist, sondern eine andere Form hat. Welche Ballonform zerplatzt am schnellsten?

Ich bin die kleine Spinne

Material: Pro Kind ein runder Luftballon

So geht's:

Alle Kinder verwandeln sich für dieses Spiel in kleine Spinnen. Und heute haben sie eine besonders schwere Last zu tragen! Die kleinen Spinnen gehen im Spinnengang umher und tragen dabei einen mit Wasser gefüllten Luftballon auf dem Bauch. Dieser darf natürlich nicht herunterfallen, denn sonst wird die kleine Spinne nass! Und Spinnen sind recht wasserscheu ...

Tipp:

Für ältere Kinder kann man die Spielidee noch spannender gestalten, indem man die kleinen Spinnen möglichst schnell eine bestimmte Strecke zurücklegen lässt. Oder man baut einen kleinen Hindernisparcours auf und testet die Geschicklichkeit der kleinen Tiere!

Kleines Häschen, hüpf!

Material: Pro Kind ein runder Luftballon

So geht's:

Jedes Kind bekommt einen mit Wasser gefüllten Luftballon. Diesen klemmt es sich zwischen die Füße und wird so zu einem kleinen Osterhasen, der ein Ei, eben den gefüllten Ballon, vorsichtig transportieren muss. Und da zu Ostern immer viel zu tun ist, müssen sich die kleinen Hasen ganz schön beeilen. Dass die Eier bei dem Transport nicht kaputtgehen dürfen, versteht sich natürlich von selbst!

Tipp:

Mit Hilfe von Kreide oder ausgelegten Seilen lassen sich schnell eine Start- und eine Ziellinie markieren. Eine solche Orientierungshilfe ist besonders für Spielerinnen und Spieler im Kindergartenalter wichtig!

Ein großer und ein kleiner Mann

Text: Heinz Beckers / Musik: Detlev Jöcker

1. Ein gro-ßer und ein klei-ner Mann, die woll-ten schwim-men gehn. Doch bei-de konn-ten's lei-der nicht, sie plantsch-ten nur sehr schön. Doch bei-de konn-ten's lei-der nicht, sie plantsch-ten nur sehr schön.

2. Den Großen sah man bis zum Bauch
im tiefen Wasser stehn.
Beim Kleinen konnt' man grade noch
die Kulleraugen sehn.

3. Da kam ein schönes Schiff daher,
die Wellen waren groß.
Der kleine Mann, der tauchte dann −
wie machte er das bloß?

4. Nun üben beide jeden Tag,
denn schwimmen, das macht Spaß.
Und haben sie kein Wasser mehr,
dann üben sie im Gras.

Schneller und schneller

Material: Je nach Anzahl der Kinder mindestens 3 Luftballons oder ersatzweise Gefrierbeutel

So geht's:
Alle Kinder stellen sich in einigem Abstand zueinander in einem großen Kreis auf. Nun werden die mit Wasser gefüllten Luftballons gleichmäßig in der Runde verteilt. Dann geht es los: Jeder Ballon oder Beutel wird so schnell wie möglich an den rechten Nebenmann weitergereicht, ohne dabei fallengelassen zu werden. Aber aufgepasst, denn da kommt schon der nächste Luftballon …

Tipp:
Je mehr Ballons im Spiel sind, desto lustiger wird es natürlich. Und wenn sich 2 Ballons unterwegs treffen, kann es auch schon mal passieren, dass sie zerplatzen und es eine „kalte Dusche" gibt!

Im Reich des Wassermanns

Material: Ein Kinderplantschbecken, mehrere kleine, weiche (!) Schaumstoffbälle

Ein Spieler ist der Wassermann und darf in das mit Wasser gefüllte Kinderplantschbecken. Dieses ist nun sein Reich, das verteidigt werden muss. Die anderen Mitspielerinnen und Mitspieler stehen in einigem Abstand um das Becken herum und versuchen mit Hilfe der Bälle das Reich des Wassermanns zu treffen. Dieser passt aber gut auf und wirft jeden Ball, den er gefangen hat, sofort wieder zurück! Landet jedoch ein Ball im Wasser, darf ihn der Wassermann nicht mehr hinausbefördern.
Haben die Kinder erfolgreich sämtliche Bälle ins Reich des Wassermanns geworfen, ist der Nächste an der Reihe und darf den Wassermann spielen!

Bloß nicht fallen lassen!

Material: Ein Gefrierbeutel oder eine kleine dünne Plastiktüte

So geht's:
Alle Kinder sitzen im Kreis auf dem Boden. Ein Spieler beginnt und klemmt sich den „nassen Sack", also den mit Wasser gefüllten Beutel, zwischen die Füße. Ohne Zuhilfenahme der Arme muss dieser „nasse Sack" nun sitzend von Kind zu Kind weitergegeben werden. Derjenige, der den „nassen Sack" fallen lässt, riskiert es ziemlich nass zu werden!

Tipp:
Noch lustiger wird dieses Spiel, wenn man mehrere gefüllte Beutel in den Kreis gibt. Dann müssen die Kinder noch besser aufpassen und sind auch schneller wieder an der Reihe!

Wieviel Wasser kann ich tragen?

Material: Zahlreiche Becher aus Plastik

So geht's:
Die Plastikbecher werden mit reichlich Wasser gefüllt. Jeder Spieler soll nun versuchen, so viel Wasser wie möglich auf einmal zu befördern. Auf welche Weise die Becher dabei getragen werden, bleibt ganz dem jeweiligen Kind überlassen!

Tipp:
Man kann das Spiel beliebig erweitern. Eine interessante Spielvariante für ältere Kinder ist es, wenn das Wasser zu einem bestimmten Ziel befördert werden muss und man dort die tatsächlich angekommene Wassermenge misst. Oder aber man baut kleinere Hindernisse auf, die die Kinder samt Wasser überwinden müssen.

Wasserrennen

Material: Pro Spielergruppe ein großer Löffel

So geht's:
Die Kinder teilen sich in verschiedene Gruppen auf, wobei jede aus mindestens 5 Spielerinnen und Spielern bestehen sollte. Jede Gruppe stellt sich in einen Kreis und erhält einen Löffel mit Wasser. Dieser muss schnell im Kreis herumgereicht werden, allerdings ohne dass dabei Wasser verschüttet wird!

Tipp:
Für ältere Kinder kann man ein etwas schwierigeres Spiel durchführen. Dazu erhalten jeweils 2 Spieler einer Gruppe je einen kleinen Plastikbecher. Der eine Becher ist mit Wasser gefüllt, der andere ist leer. Die Kinder bilden eine Reihe und die Spieler mit den Bechern stehen ganz vorn bzw. ganz hinten. Der Spieler mit dem gefüllten Becher schöpft nun aus diesem mit dem Löffel Wasser heraus und gibt den Löffel weiter, bis dieser schließlich bei dem letzten Spieler in der Reihe ankommt, der den leeren Becher in der Hand hält. Dieser schüttet das Wasser hinein und reicht den Löffel schnell wieder nach vorn, wo der erste Spieler den Löffel erneut auffüllt usw.
Welche Gruppe hat den gefüllten Becher zuerst geleert und bei wem ist das meiste Wasser in dem vorher leeren Becher gelandet?

Eiswürfellauf

Material: Eiswürfel, eine Abdeckplane oder eine große Wachstischdecke

So geht's:
Jedes Kind erhält einen Eiswürfel. Nacheinander versuchen die Spielerinnen und Spieler ihren Eiswürfel so weit wie möglich

über die Abdeckfolie gleiten zu lassen. Dabei darf die Folie nicht betreten werden!

Von Hand zu Hand

Material: Ein Eiswürfel

So geht's:
Alle Kinder sitzen im Kreis. Ein Spieler legt sich einen Eiswürfel auf den Handrücken. Ohne die andere Hand zu Hilfe zu nehmen muss dieser Eiswürfel nun dem nächsten Kind auf den Handrücken gelegt werden, dann wieder dem nächsten usw.
Wird der Eiswürfel alle Spieler erreichen, bevor er geschmolzen ist?
Oder schaffen die Kinder sogar mehrere Runden?

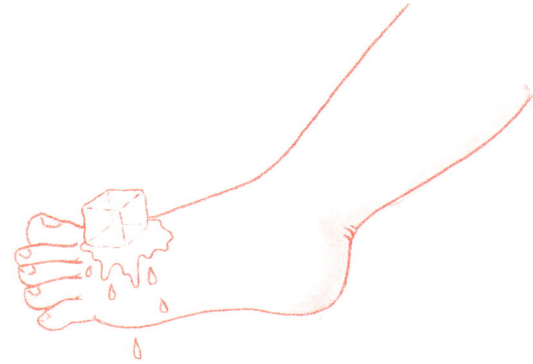

Tipp:
Als Spielvarianten kann man den Eiswürfel natürlich auch von Fuß zu Fuß oder anderen beliebigen Körperteilen wandern lassen!

Geheimnisvolles Eis

Material: Pro Spielergruppe ein Plastikeimer, kleine Gegenstände wie beispielsweise bunte Murmeln, alte Schlüssel, Kronkorken, Legosteine, Muscheln, Münzen o.Ä.

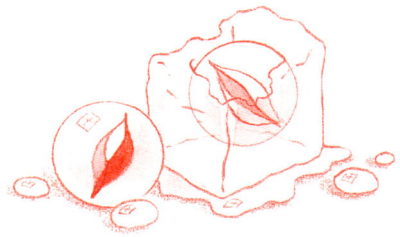

So geht's:
Die Vorbereitung für dieses Spiel nimmt zwar etwas Zeit in Anspruch, aber die Mühe lohnt sich!
Zunächst wird für jede Gruppe ein Eimer mit etwas Wasser gefüllt und in die Kühltruhe gestellt. Ist das Wasser gefroren, legt man nicht zu nahe am Rand je einen Gegenstand in die Eimer. Darauf wird nun so viel Wasser geschüttet, dass der Gegenstand gerade bedeckt ist. Auf diese Weise füllt man die Eimer Schicht für Schicht mit Wasser und kleinen Gegenständen, bis alles komplett gefroren ist.

Zu Spielbeginn erhält jede Gruppe einen so hergestellten Eisklotz. Die Mannschaften sollen versuchen so schnell wie möglich 10 Gegenstände aus dem Eis herauszubekommen. Dabei können natürlich auch kleine Hilfsmittel wie Stöcke oder Steine benutzt werden!

Tipp:
Den Eisklotz löst man am besten aus dem Eimer, indem man diesen auf den Kopf stellt und heißes Wasser darüber laufen lässt.

Pitsch und Patsch

Text und Musik: Detlev Jöcker

| G | C | G | C | G⁷ |

Pitsch und patsch! Pitsch und patsch! Der Re - gen macht die

| C | G⁷ | C |

Haa - re nass. Tropft von der Na - se auf den Mund und

| G⁷ | C | G⁷ |

von dem Mund dann auf das Kinn und von dem Kinn dann

| C | G | C |

auf den Bauch. Dort ruht der Re - gen sich jetzt aus und

| F | C | F | G | C |

springt mit ei - nem gro - ßen Satz auf die Er - de. Patsch.

Schatz im Eis

Material: Pro Kind eine Glasmurmel

So geht's:
Dieses Spiel verläuft ähnlich wie das vorherige. Als Vorbereitung legt man diesmal in jedes Fach eines Eiswürfelbehälters eine Glasmurmel, füllt mit Wasser auf und friert das Ganze ein. Die Glasmurmel kann wahlweise farbig oder durchsichtig sein; letzteres wirkt noch ein wenig geheimnisvoller.
Zu Spielbeginn erhält jedes Kind einen der so vorbereiteten Eiswürfel und versucht, seinen „Schatz" so schnell wie möglich aus dem Eis zu bergen.

Tipp:
Selbstverständlich lassen sich auch essbare Schätze einfrieren wie beispielsweise Gummibärchen, Weintrauben, Brom- oder Heidelbeeren.

Klotz am Bein

Material: Pro Kind ein Luftballon und ein Stück Kordel

So geht's:
Die Ballons füllt man mit Wasser und versieht sie mit einem Stück Kordel. Jedem Kind wird nun ein solcher „Klotz" ans Bein gebunden.
Nach dem Startsignal beginnen alle Kinder umherzulaufen, wobei sie versuchen die Luftballons der anderen kaputtzumachen. Der eigene Ballon darf dabei jedoch nicht zerplatzen!

Tipp:
Für den Fall, dass die Kinder an diesem Bewegungsspiel großen Gefallen finden, sollten weitere Ballons mit Kordel bereitgehalten werden.
Übrigens lässt sich das Ganze auch an nicht so warmen Tagen ohne Wasser spielen. Dazu bläst man die Ballons einfach nur auf. Allerdings wird das Spiel dadurch schwieriger.

Bunte Eismalerei

Material: Pro Kind etwas weißes Tonpapier oder weiße Tapetenreste

So geht's:
Als Vorbereitung friert man bunt gefärbtes Wasser im Eiswürfelbehälter ein. Dazu löst man entweder Wasserfarben in Wasser auf oder aber man nimmt „natürliche" Farben wie Kirsch- oder Orangensaft, Heidelbeerpüree, Spinatflüssigkeit o.Ä., die man ohne weitere Verdünnung in die Eiswürfelbox füllt und gefrieren lässt.
Für die Spielaktion werden die bunten Eiswürfel auf einem großen Teller oder abwaschbarem Tablett bereitgestellt. Jedes Kind erhält Papier bzw. Tapetenreste und kann nun beginnen, mit den Eiswürfeln zu malen. Je wärmer diese werden, desto bessere Spuren hinterlassen sie auf dem Papier!

Tipp:
Die Eiswürfel sollte man vor Spielbeginn eine Weile antauen lassen. Denn wenn sie noch zu kalt sind, kleben sie schnell an den Fingern fest, was recht wehtut.

Bunte Wiese

Material: Zahlreiche Luftballons in verschiedenen Farben

So geht's:
Die Ballons werden mit Wasser gefüllt und auf einer Wiese verteilt. Die Spielerinnen und Spieler gehen umher. Nennt der Spielleiter eine der Farben, muss sich jedes Kind blitzschnell einen Ballon in dieser Farbe suchen und ihn zum Platzen bringen.

Tipp:
Je mehr Kinder teilnehmen, desto mehr Ballons sind notwendig. Jüngere Kinder, die noch keine Farben zuordnen können, suchen sich einfach irgendeinen Ballon.

Nasse Rutschpartie

Material: Eine robuste Abdeckplane (ersatzweise eine sehr große Wachstischdecke), Spülmittel oder etwas Duschgel, ein Eimer

So geht's:
Die Abdeckplane wird auf einer Wiese ausgebreitet. In dem Eimer vermischt man etwas Wasser und Spülmittel und kippt das Ganze über die Plane. Jetzt noch alle die Schuhe ausgezogen - und schon ist die Rutschbahn freigegeben. Aber Vorsicht, es ist wirklich sehr glatt!

Achtung: Es muss unbedingt darauf geachtet werden, dass unter der Plane keine spitzen Gegenstände wie Stöcke oder Äste liegen. Daran könnten sich die Kinder verletzen!

Kühle Massage

Material: Eiswürfel, Luftballons oder Gefrierbeutel, pro Kinderpaar eine Decke und ein Kissen

So geht's:
Die Kinder finden sich zu Paaren zusammen. Dann macht es sich je ein Kind mit Decke und Kissen bequem. Sein Partner hockt sich daneben und massiert das liegende Kind mit Hilfe des mit Wasser gefüllten Ballons und den Eiswürfeln. Das Kind, das massiert wird, sagt dabei, was ihm angenehm und was ihm nicht so angenehm ist.

Tipp:
Die Ballons kann man zum Beispiel herrlich auf den Beinen oder dem Rücken herumkullern. Das wirkt angenehm erfrischend. Der Eiswürfel eignet sich, weil er sehr kalt ist, eher für das Gesicht. Er wirkt besonders wohltuend auf Stirn und Wangen. Allerdings sollte er nicht zu lange zum Massieren benutzt werden.
Ebenso gut lassen sich übrigens feuchte, kühle Waschlappen oder Tücher verwenden.

Kleine Goldschürfer

Material: Ein Kinderplantschbecken, Sand, Sandsiebe, zahlreiche Münzen (beispielsweise Pfennigstücke) oder auch goldene Pailletten, Streusterne o.Ä.

So geht's:
Auf dem Boden des Plantschbeckens werden die Münzen verteilt. Darauf kippt man reichlich Sand und zum Schluss füllt man das Plantschbecken mit Wasser auf.

Dann kann es losgehen. Die kleinen „Goldschürfer" bekommen jeder ein Sieb und dürfen sich an die Arbeit machen. Wer siebt das meiste „Gold" aus dem Sand?

Hui, wie nass!

Material: Zahlreiche Wasserspritzen, mit Wasser gefüllte Luftballons, Schüsseln und Eimer, leere Tuben und Plastikflaschen

So geht's:
Nach dem Startkommando „Hui, wie nass!" darf nach Herzenslust gespritzt, geworfen und geplantscht werden, bis alle herrlich nass sind. Da bleibt kein Auge trocken!

Achtung: Vor diesem Spiel sollten den Kindern einige Regeln erklärt werden, um Verletzungen zu vermeiden. So darf mit den gefüllten Luftballons nicht auf den Mitspieler oder die Mitspielerin gezielt werden! Es reicht, die Ballons auf den Boden zu werfen, damit das Wasser hochspritzt. Überhaupt sollte mit dem Wasser nur auf Bauchnabelhöhe und nicht höher gezielt werden.
Natürlich kann man auch mit anderen Materialien plantschen und spritzen; vorher sollte aber eine Verletzungsgefahr sicher ausgeschlossen werden!

kunterbunte Spielwiese

 Spielaktionen im Freien

Die in diesem Kapitel vorgestellten Spiele lassen sich auch dann draußen spielen, wenn es einmal nicht so schön und heiß ist oder wenn man sich nicht gerade am Strand aufhält. Leicht abgeändert kann man die meisten Ideen sogar in der Wohnung durchführen - falls das Wetter einmal gar nicht mitspielen will!

Wo habt ihr euch versteckt?

Material: Zahlreiche leere Pappschachteln, Kartons o.Ä., bunte Murmeln

So geht's:
In den Schachteln und Kartons werden viele bunte Murmeln versteckt. Dann stapelt man alle Kisten zu einem riesigen Haufen aufeinander.
Nach dem Startsignal dürfen die Kinder alles durchsuchen. Wer findet innerhalb von 2 Minuten die meisten Murmeln in dem Kistenwirrwarr?

Tipp:
Ältere Kinder können als 2 Mannschaften gegeneinander antreten, wobei die Kartons zu 2 Haufen aufeinander getürmt werden. In den Kartons sind diesmal Puzzleteile versteckt, die je ein komplettes Bild ergeben. Welche Mannschaft hat zuerst ihr Puzzle fertig?

Schatten fangen

Material:

So geht's:
Ein Spiel für sonnige Tage: Die Kinder bilden zunächst Paare. Der oder die Kleinere von beiden darf beginnen und sich ganz nach Belieben kreuz und quer umherbewegen. Das andere Kind muss gut aufpassen und stets darauf achten, dass es mit seinem Schatten den Schatten des Partners berührt. Das ist gar keine so leichte Aufgabe!

Tipp:
Als Spielvariante können sich die Kinder auch alle nebeneinander stellen und ein Kind auswählen, das die Spielleitung übernimmt. Dieses darf nun Bewegungen vormachen. Alle anderen beobachten dabei lediglich den Schatten und versuchen die gezeigte Bewegung nachzumachen!

Indianerfarben

Material: Bunte Sonnencreme (dazu verrührt man entweder ungiftige Farbpigmente aus dem Bioladen/der Apotheke mit normaler Sonnencreme oder man kauft fertige Sonnencreme-Stifte im Drogeriemarkt)

So geht's:
Im Sommer darf die Sonnencreme nicht fehlen. Aber da Kinder das Eincremen in der Regel nicht so sehr lieben, dürfen sie hier einmal selbst ans Werk gehen. Jeder Spieler verwandelt sich mit Hilfe der Sonnencreme in einen kunterbunten Indianer!

Tipp:
Zusätzlich können einige Indianer-Utensilien zum Verkleiden bereitliegen. Dann können die Kinder wie richtige Indianer durch den Garten streifen …

Bunte Tupfer

Material: Bunte Sonnencreme (siehe dazu vorheriges Spiel), Kassettenrekorder, schwungvolle Tanzmusik

So geht's:

Jeder Spieler bekommt eine bestimmte Farbe zugewiesen. Damit darf er sich einen Finger dick anmalen. Während die Musik läuft, versucht nun jedes Kind mit seiner Farbe möglichst viele andere Kinder zu betupfen. Wenn die Musik stoppt, wird verglichen, in welcher Farbe die meisten Tupfer gemacht wurden.

Auf meiner Nase blüht etwas

Material: Pro Kind ein Gänseblümchen, ein langes Seil

So geht's:

Mit dem Seil wird die Startlinie markiert. Dann legt man ein Ziel fest, beispielsweise ein Baum. Alle Kinder stellen sich nun entlang der Startlinie auf. Jeder Spieler erhält sein Gänseblümchen und legt es sich auf die Nase. Dann geht es los. So schnell wie möglich sollen alle mit dem Gänseblümchen auf der Nase bis zum Ziel laufen, ohne dabei die Blume zu verlieren!

Tipp:

Die Gänseblümchen sollten nach dem Spiel nicht achtlos weggeworfen werden. Man kann sie beispielsweise in eine schöne Glasschale mit Wasser legen und eine Schwimmkerze dazwischensetzen.
Eine wunderschöne sommerliche Tischdekoration!

Komm, spiel mit uns

Text und Musik: Detlev Jöcker

Refrain

Komm, spiel mit uns. Komm, spiel mit uns. Wir la - den dich jetzt ein. Komm, spiel mit uns. Komm, spiel mit uns. Wir wol - len fröh - lich sein. *Fine*

Strophe 1. Mal geht es rauf und run - ter, kopf - ü - ber und kopf - un - ter. Du, schau nur ein - mal her! Das ist doch gar nicht schwer.

Refrain: Komm, spiel mit uns …

2. Mal drehn wir uns ganz schnelle
   nur immer auf der Stelle.
   Du, schau nur einmal her!
   Das ist doch gar nicht schwer.

Refrain: Komm, spiel mit uns …

3. Mal geht es rund im Kreise
   auf eine kleine Reise.
   Du, schau nur einmal her!
   Das ist doch gar nicht schwer.

Refrain: Komm, spiel mit uns …

4. Zum Schluss, da kommt das Beste.
   Jetzt schütteln wir uns feste.
   Du, schau nur einmal her!
   Das ist doch gar nicht schwer.

Das Gänseblümchen wandert

Material: Pro Kind ein Strohhalm, ein Gänseblümchen

So geht's:
Jedes Kind erhält einen Strohhalm. Dann setzen sich alle in einen Kreis auf den Boden. Das erste Kind nimmt das Gänseblümchen und saugt es mit dem Strohhalm so an, dass es nicht herunterfällt. Das nächste Kind soll nun das kleine Gänseblümchen auf die gleiche Weise mit seinem Strohhalm annehmen und wieder weitergeben. Schafft das Gänseblümchen die ganze Runde ohne herunterzufallen?

Tipp:
Dieses Spiel eignet sich erst für Kinder im Schulalter.

Viele weiße Wolken

Material: Sonnencreme, weiße Watte

So geht's:
Jedes Kind schmiert sein Gesicht mit reichlich Creme ein und erhält anschließend ein großes Stück Watte. Nach dem Startsignal beginnen alle Spielerinnen und Spieler umherzulaufen und versuchen den anderen etwas von der Watte ins Gesicht zu kleben. Zum Schluss sehen alle aus wie weiße Wolken! Wie wäre es mit ein bisschen Musik und einem Wolkentanz? Mit weißen Bettlaken oder Tüchern können sich alle im Handumdrehen komplett verkleiden!

Tipp:
Wenn es draußen sehr warm ist, können sich die Kinder vor dem Spiel auch am ganzen Körper mit Creme einreiben. Dann kann die Watte auch auf Arme und Beine geklebt werden!

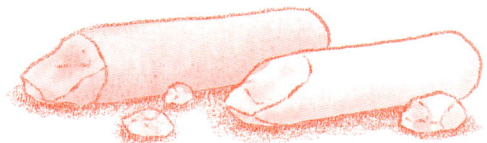

Pflastermaler

Material: Straßenkreide

So geht's:
Ein Kind beginnt und malt mit der Straßenkreide ein Bild auf die Terrasse, den Hof o. Ä. Das Kind, das das gemalte Motiv zuerst erkennt, ist als Nächstes mit Malen an der Reihe, bis zum Schluss alles herrlich bunt ist!

Tipp:
Diese kunstvolle „Pflastermaler-Galerie" sollte man unbedingt mit dem Fotoapparat festhalten. Eine schöne Erinnerung!

Wer zuletzt lacht ...

Material: Grashalme oder feine Zweige

So geht's:
Die Kinder finden sich zu Paaren zusammen. Jeweils eines der beiden zieht sich einen Schuh und einen Strumpf aus und setzt oder legt sich hin. Sein Partner beginnt nun mit dem Grashalm, Zweig o. Ä. zu kitzeln. Wer kann sich am längsten das Lachen verkneifen?

Tipp:
Natürlich können die Kinder auch mit anderen ungefährlichen Dingen versuchen ihre Partner zum Lachen zu bringen, beispielsweise mit einer kleinen Feder, einer Blume, einem kleinen Kieselstein, einem Blatt usw.

Das Lied vom Wackelpudding

Text und Musik: Detlev Jöcker

Refrain

Wa-ckel - pud-ding, Wa-ckel - pud-ding, wa-ckelt hin und her.

Wa-ckel - pud-ding, Wa-ckel - pud-ding, wer-den im-mer mehr.

Wa-ckel-pud-ding, Wa-ckel-pud-ding, nie-mand hält mehr still, weil

je-der die-sen schö-nen Tanz noch ein-mal tan-zen will.

Strophe

1. Fas-sen wir uns an die Hän-de, hal-ten wir sie fest, dann

wa-ckelst du, dann wa-ckelst du, mit mir gleich um die Wett'!

Refrain: Wackelpudding, Wackelpudding …

2. Fassen wir uns an die Arme,
   halten wir sie fest,
   dann wackelst du, dann wackelst du,
   mit mir gleich um die Wett'.

Refrain: Wackelpudding, Wackelpudding …

3. Fassen wir uns an die Nase,
   halten wir sie fest,
   dann wackelst du, dann wackelst du,
   mit mir gleich um die Wett'.

Refrain: Wackelpudding, Wackelpudding ...

5. Fassen wir uns an die Knie,
   halten wir sie fest,
   dann wackelst du, dann wackelst du,
   mit mir gleich um die Wett'.

Refrain: Wackelpudding, Wackelpudding ...

Refrain: Wackelpudding, Wackelpudding ...

6. Fassen wir uns an im Kreise,
   halten wir uns fest,
   dann wackelst du, dann wackelst du,
   mit mir gleich um die Wett'.

4. Fassen wir uns an die Ohren,
   halten wir sie fest,
   dann wackelst du, dann wackelst du,
   mit mir gleich um die Wett'.

Refrain: Wackelpudding, Wackelpudding ...

Versteckt im Gras

Material: Bunt bemalte Steine oder größere bunte Glasmurmeln

So geht's:
Im hohen Gras werden die bunten Steine oder Murmeln versteckt. Nach dem Startsignal beginnt jedes Kind über die Wiese zu streifen und danach Ausschau zu halten. Wer hat die besten Augen und findet die meisten versteckten „Schätze"?

Tipp:
Ein regnerischer Tag kann mit den Kindern gemeinsam dazu benutzt werden, als Vorbereitung für dieses Spiel zahlreiche Kieselsteine bunt anzumalen. Später können mit den Steinen beispielsweise eine Fensterbank oder ein gedeckter Tisch farbenfroh dekoriert werden.

Ein schneller Blumenstrauß

Material: Bunte Blumenwiese

So geht's:
Nach dem Startkommando soll jedes Kind versuchen so schnell wie möglich einen hübschen Blumenstrauß zu pflücken. Wer hat innerhalb von 3 Minuten die meisten Blumen beisammen?

Tipp:
Man kann dieses Spiel auch beliebig verändern, indem beispielsweise die Kinder innerhalb einer bestimmten Zeit möglichst viele welke Blätter, Vogelfedern, Tannenzapfen oder Steine gefunden haben sollen.

3 Arme

Material: Pro Kinderpaar ein Tuch oder ein Schal

So geht's:
Immer 2 Kinder finden sich zusammen. Sie stellen sich eng nebeneinander. Die beiden inneren Arme werden nun mit dem Tuch oder Schal zusammengebunden. Haben alle Paare nur noch 3 Arme, geht es los. Jedes Kinderpaar soll so schnell wie möglich eine bestimmte Aufgabe lösen, beispielsweise Gras oder Blätter zusammenharken, über einen Tisch klettern, unter etwas herkrabbeln o. Ä.

Tipp:
Für dieses witzige Spiel sollte unbedingt ein Fotoapparat bereitgehalten werden, denn sich auf diese Weise zu bewegen ist gar nicht so einfach!

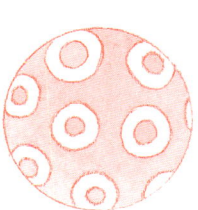

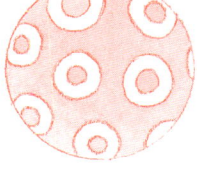

Kreis oder Ei?

Material: Straßenkreide

So geht's:
Jedes Kind erhält ein Stück Kreide und soll versuchen einen möglichst runden Kreis zu zeichnen, während es sich um die eigene Achse dreht. Welchem Kind gelingt es am besten?

Tipp:
Für ältere Kinder kann man das Spiel etwas kniffliger gestalten, indem man sie den Kreis beispielsweise mit einer Wasserpistole spritzen oder mit einer mit Sand gefüllten Flasche gießen lässt.

Sich bewegen und sich regen

Text: Lore Kleikamp / Musik: Detlev Jöcker

1. Heu-te möch-te ich gern tur-nen. Da-zu fällt mir
Dre-he mich und schwing die Ar-me, reck mich hoch, mach

vie-les ein. Sich be-we-gen und sich re-gen!
mich ganz klein.

Nicht nur sit-zen Stund um Stund! Sich be-we-gen

und sich re-gen! Macht so froh und ist ge-sund!

2. Darum will ich heute springen,
leicht und hoch, so gut ich kann,
vor, zurück und auch zur Seite,
dreh im Springen mich sodann.

Refrain: Sich bewegen und sich regen …

3. Darum will ich heute tanzen,
will nicht sitzen steif und stumm.
Schwing die Beine, wieg und dreh mich
hin und her und rundherum.

Refrain: Sich bewegen und sich regen …

4. Darum will ich heute boxen,
einfach in die Luft hinein.
Brauche dazu keinen andern.
Boxe für mich ganz allein.

Refrain: Sich bewegen und sich regen …

5. Darum will ich heute Rad fahr'n,
ohne Fahrrad, kann's auch so.
Heb die Füße, dreh die Kreise,
sitz gemütlich auf dem Po.

Refrain: Sich bewegen und sich regen …

Zwilling

Material: Tapetenreste, Scheren, Stifte

So geht's:
Jeweils 2 Kinder helfen sich gegenseitig. Eines stellt sich so in das Licht, das es einen deutlichen Schatten auf den Boden wirft. Das andere Kind breitet an dieser Stelle die Tapete aus und zeichnet den Schattenumriss nach. Anschließend malt das erste Kind auf gleiche Weise den Umriss seines Partners. Haben schließlich alle ihren Zwilling auf Papier, schneidet jedes Kind den eigenen Schatten aus und malt ihn an.

Tipp:
Wer mag, kann seinen Schatten-Zwilling auch in Form einer Collage verzieren. Die Haare werden zum Beispiel aus Wolle geklebt, der Pulli mit diversen Stoffresten verziert usw. Eine Kiste mit für alle ausreichenden Materialien sollte dann aber bereitstehen.

Wie viele Blumen hat der Strauß?

Material: Bunte Blumenwiese

So geht's:
Alle Kinder pflücken gemeinsam einen bunten Blumenstrauß. Danach soll jedes Kind schätzen, aus wie vielen Blumen der Strauß besteht. Schließlich zählt der Spielleiter nach und gibt die Lösung bekannt.

8 am Fuß

Material: Pro Gruppe 8 Gänseblümchen, ein langes Seil, Stühle

So geht's:
Die Kinder teilen sich in 2 oder mehr Gruppen auf. Mit dem Seil wird eine Startlinie markiert, an der sich die Spielerinnen und Spieler jeder Gruppe hintereinander aufstellen. An der Startlinie liegen bereits 8 Gänseblümchen für jede Gruppe bereit. Sobald das Startkommando ertönt, ziehen sich die jeweils ersten Spieler jeder Mannschaft ihre Schuhe und Socken aus, stecken sich alle 8 Gänseblümchen zwischen die einzelnen Zehen und laufen los. An einem Wendepunkt, der durch einen Stuhl o.Ä. gekennzeichnet ist, kehren sie um und kommen wieder zur Startlinie zurück.

Dabei müssen die Läufer alle 8 Gänseblümchen mit zurückbringen, sonst scheidet die Mannschaft aus. Stecken jedoch noch alle Blümchen zwischen den Zehen, wird abgeschlagen und das nächste Kind in der Reihe zieht sich schnell Schuhe und Strümpfe aus.
Das geht so lange, bis schließlich alle an der Reihe waren.

Tipp:
Die Stiele der Gänseblümchen sollten nicht zu kurz sein, denn sonst wird es zu schwierig, sie zwischen den Zehen zu behalten.

Seifenblase, komm zu mir!

Material: Seifenblasen

So geht's:
Jeweils 2 Kinder stehen sich gegenüber. Eines der beiden beginnt und pustet seinem Partner eine schöne große Seifenblase zu. Die beiden Kinder sollen nun versuchen die Seifenblase so oft wie möglich hin- und herzupusten.

Tipp:
Wenn die Kinder schon einige Übung haben, dürfen sie mitzählen, wie viele Male sie die Seifenblase hin- und hergepustet haben. Welches Paar schafft es am häufigsten?

Wir wollen eine Reise machen

Text: Lore Kleikamp / Musik: Detlev Jöcker

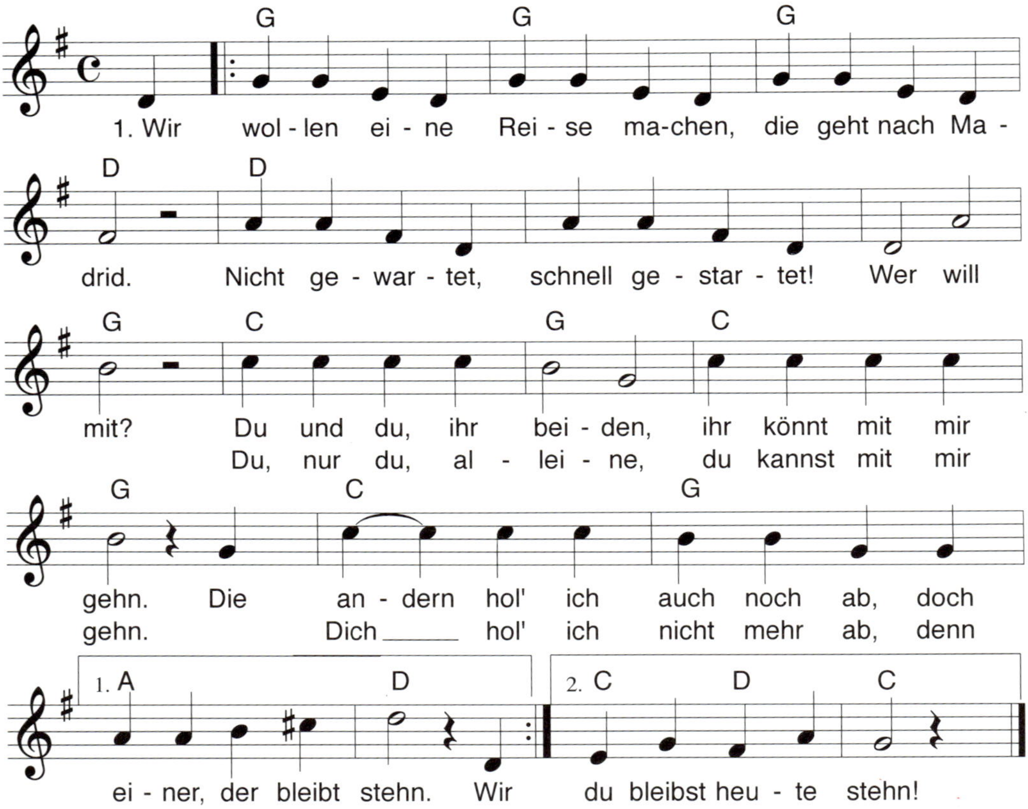

1. Wir wol-len ei-ne Rei-se ma-chen, die geht nach Ma-

drid. Nicht ge-war-tet, schnell ge-star-tet! Wer will

mit? Du und du, ihr bei-den, ihr könnt mit mir
Du, nur du, al-lei-ne, du kannst mit mir

gehn. Die an-dern hol' ich auch noch ab, doch
gehn. Dich hol' ich nicht mehr ab, denn

1. ei-ner, der bleibt stehn. Wir
2. du bleibst heu-te stehn!

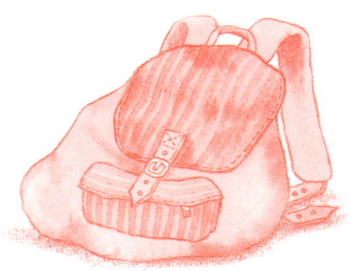

Im Schatten bin ich sicher

Material:

So geht's:
Eines der Kinder beginnt und ist der Fänger. Alle anderen Spielerinnen und Spieler laufen los und müssen dabei aufpassen, dass sie nicht gefangen werden. Um dies zu vermeiden, können sie sich in den Schatten zum Beispiel eines Baumes retten. Denn im Schatten sind sie vor dem Fänger in Sicherheit. Wird jedoch ein Kind erwischt und abgeschlagen, wird dieses der Fänger.

Tipp:
Damit nicht alle Kinder nur noch im Schatten stehen und der Fänger keiner Chance mehr hat, kann man beispielsweise folgende Regelung treffen: Im Schatten ist man nur für 5 Sekunden sicher, dann aber muss man weiterlaufen. Die Kinder könnten jeweils laut mitzählen, sobald sich ein Spieler in den Schatten gerettet hat.

Blumentanz

Material: Schaschlikstäbe aus Holz, Schere, durchsichtiger Klebefilm, buntes Krepppapier, Kassettenrekorder, Tanzmusik

So geht's:
Als Vorbereitung werden zahlreiche Blumen gebastelt. Dazu schneidet man von dem Krepppapier einen etwa 5 cm breiten Streifen ab, der auseinander gerollt und in gleichmäßigen Abständen bis zur Mitte hin eingeschnitten wird. Nun trennt man pro Blume ein ungefähr 10 cm langes Stück von dem Krepppapierstreifen ab und wickelt dieses ganz eng oben um den Schaschlikstab. Diese „Blüte" wird nun noch mit Klebefilm befestigt - fertig ist die Blume! Für das Spiel steckt man die selbst gebastelten Blumen kreuz und quer in die Wiese. Sobald die Musik erklingt, beginnen die

Kinder auf der Wiese umherzutanzen. Stoppt die Musik, soll sich jedes Kind schnell eine Blume suchen und „pflücken"! Dann spielt die Musik weiter und stoppt irgendwann erneut.
Das geht so lange, bis nicht mehr genug Blumen für alle Kinder da sind. Jetzt wird es erst richtig lustig, denn die Spielerinnen und Spieler, die keine Blume mehr erwischen, scheiden aus. Zum Schluss bleibt nur ein einziges Kind übrig. Dieses darf alle Blumen ein weiteres Mal auf der Wiese verteilen. So lässt sich das Spiel beliebig oft wiederholen.

4. Und der Bär, und der Bär,
   hat's beim Singen ganz schön schwer.
   Und der Bär, und der Bär,
   hat's beim Singen ganz schön schwer.
   Doch auch er stimmt gerne ein
   im Chor vom Tiergesangverein.
   Brumm, brumm, brumm …

5. Doch die Kuh, doch die Kuh,
   hält sich beide Ohren zu.
   „Lieber Hund, liebes Schwein,
   soll das etwa Singen sein.
   Liebe Gans und lieber Bär,
   hört bitte auf, fällt's euch auch schwer."

   (Alle Sänger sagen: „Oooh!")

Schau genau!

Material: Straßenkreide oder verschiedene natürliche Materialien wie Gras, Blumen, Steine, Blätter, Stöckchen o.Ä.

So geht's:

Jedes Kind sucht sich einen Platz und markiert vor sich ein etwa 0,5 m x 0,5 m großes Feld. Ein Kind beginnt und zeichnet in sein Spielfeld ein beliebiges Muster; wenn es möchte, kann es dieses auch mit den verschiedenen Materialien legen.

Die anderen Spielerinnen und Spieler schauen genau zu. Wenn das Kind mit seinem Bild fertig ist, sagt es laut und deutlich: „Schau genau!" Jetzt machen sich die anderen daran, so schnell wie möglich das gleiche Muster in ihr eigenes Spielfeld zu malen oder zu legen. Wer hat das passende Gegenstück als Erster fertig? Selbstverständlich dürfen die anderen Kinder kontrollieren, ob alles richtig gemacht wurde und auch tatsächlich nichts fehlt!

Tipp:

Am besten spielt man dieses Spiel an einem Ort, an dem alle genug Platz zur Verfügung haben und an dem keine Autos fahren, also beispielsweise auf einem Hinterhof oder auf einer großen Terrasse.

Doch auch auf einer Wiese oder einem anderen Untergrund, auf dem sich nicht mit Kreide malen lässt, kann man sich behelfen. Dazu breitet man einfach ein großes Stück Papier auf dem Boden aus und legt mit den gesammelten Materialien das Muster oder Bild darauf.

Auf diese Weise lässt sich dieses Spiel übrigens auch bei schlechtem Wetter im Haus spielen!

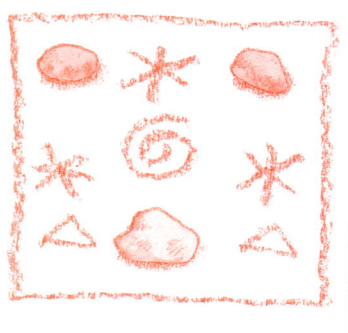

Schattenkind

Material: Ein Sonnenschirm oder ersatzweise ein großer Regenschirm

So geht's:
Der Sonnenschirm wird aufgespannt und so platziert, dass er einen deutlichen Schatten wirft. Ein Kind ist das Schattenkind. Es stellt sich unter den Schirm und verteidigt von dort aus den gesamten Schatten. Alle anderen Kinder versuchen natürlich dort hineinzugelangen, dürfen aber nicht weiter, sobald sie das Schattenkind mit ausgebreiteten Armen abfängt. Schlüpft ein Spieler aber durch eine Lücke, wird gewechselt und er ist das Schattenkind.

Tipp:
Wenn viele Kinder mitspielen, dürfen ruhig 2 oder 3 von ihnen gleichzeitig die Schattenkinder sein. Denn allein wäre es zu schwierig, den Schatten zu verteidigen!

Jeder Wurf ein Treffer?

Material: Leere Konservendosen, Papprollen, Kreide oder ein langes Seil, Materialien zum Werfen (zum Beispiel Glasmurmeln, kleine Steinchen, Kastanien und Eicheln vom letzten Herbst o.Ä.)

So geht's:
Die verschiedenen Dosen und Rollen werden kreuz und quer aufgestellt (eventuelle scharfe Ränder mit Klebefilm abkleben!). In einiger Entfernung davon markiert man mit Kreide oder Seil die Startlinie. Daran entlang stellen sich die Kinder auf und versuchen in die Dosen zu treffen.

Tipp:
Für Kinder im Schulalter wird das Spiel reizvoller, wenn jeder mit einem eigenen Material wirft. So kann man zum Schluss zählen, wer am meisten Treffer gelandet hat.
Oder aber man bemalt die Dosen in unterschiedlichen Farben. Ein Treffer in eine rote Dose bringt dann beispielsweise 5 Punkte, in eine blaue Rolle jedoch nur 1 Punkt.

Erdbeereis und Palmendrink

Rezeptideen für heiße Tage

Spielen und Toben im Freien machen hungrig und durstig!
Bei warmem Wetter sind vor allem leichte Speisen und erfrischende Getränke gefragt. Die folgenden Rezepte helfen, den Durst auf gesunde Weise zu löschen, und die leckeren Snacks eignen sich für eine sommerliche Grillparty oder auch einfach so zwischendurch. Außerdem sind sie so einfach, dass sie auch von den Kindern allein oder mit Hilfe eines Erwachsenen zubereitet werden können.

Kühle Erfrischungen

Schokoladeneis

Zutaten: 200 g Zartbitterschokolade, 200 g Sahne, 1 EL Naturjogurt, 1-2 EL Zucker

Zubereitung:
Die Sahne füllt man in einen kleinen Topf, bröckelt die Schokolade hinein und gibt den Zucker hinzu. Bei geringer Hitze wird alles so lange miteinander verrührt, bis sich die Schokolade vollständig aufgelöst hat. Nun nimmt man den Topf vom Herd und mischt den Jogurt mit einem Schneebesen unter die Schokoladensahne.
Die Masse füllt man in kleine Förmchen und lässt sie in der Kühltruhe gefrieren.

Tipp:
Dieses Schokoladeneis lässt sich nach Belieben auch mit anderer, beispielsweise weißer Schokolade herstellen.

Selbst gemachtes Eis

Für selbst gemachtes Eis gilt allgemein, dass alle Zutaten unbedingt frisch sein müssen. Auch die verwendeten Töpfe, Bestecke und Behälter sollten absolut sauber sein!
Das Eis hält sich dann in der Gefriertruhe ungefähr 6 Wochen.
Die fertig zubereitete Masse kann man entweder in kleine Förmchen, Plastikbecher oder auch in eine große Vorratsdose füllen und einfrieren. Bis das Eis ganz durchgefroren ist, vergehen viele Stunden. Es ist daher ratsam, es einen Tag vor dem Verzehr zuzubereiten.
Eine andere Möglichkeit ist, die zubereitete Masse 1 bis 2 Stunden im Kühlschrank abkühlen zu lassen und anschließend in einen Eisbereiter zu füllen. Darin wird das Eis in ungefähr 15-30 Minuten servierbereit.
Übrigens ist selbst gemachtes Eis in der Regel fester als gekauftes. Es sollte daher einige Zeit vor dem Verzehr aus der Tiefkühltruhe genommen werden.

Vanilleeis

Zutaten: 100 ml H-Milch, 200 ml Sahne,
1 EL Honig, 2 Vanillezucker

Zubereitung:

Alle Zutaten werden in einen kleinen Topf
gegeben und bei schwacher Hitze miteinander verrührt. Sobald sich der Zucker
und der Honig vollständig aufgelöst haben,
kann man den Topf vom Herd nehmen. Die
Masse wird in kleine Eisförmchen gefüllt und
eingefroren.

Tipp:

Wie wäre es mit Stracciatellaeis? Dazu streut
man einfach vor dem Einfrieren einige
Schokoladenstreusel oder fein gehackte
Schokoladenstückchen in die fertige Eismasse!

Jogurteis

Zutaten: 100 g weiße Schokolade, 100 g
Sahne, 150 g Naturjogurt, 1-2 EL Honig,
1 MSP Bourbonvanille

Zubereitung:

Die Schokolade wird zerkleinert und mit der
Sahne in einen kleinen Topf gegeben. Bei
geringer Hitze verrührt man alles so lange,
bis sich die Schokolade vollständig aufgelöst hat. Dann gibt man den Honig hinzu
und nimmt den Topf vom Herd. Mit dem
Schneebesen werden nun der Jogurt und
die gemahlene Vanille untergerührt.
Schließlich wird die Eismasse eingefroren.

Tipp:

Auch dieses erfrischende Jogurteis lässt
sich ganz nach Geschmack abändern. So
kann man zum Beispiel statt des Naturjo-
gurts Fruchtjogurt verwenden oder 1-2 EL
frisch püriertes Obst unterrühren.

Pistazieneis

Zutaten: 200 g Sahne, 100 g Jogurt, 2-3
EL Honig, 1 MSP gemahlene Bourbonvanille oder ersatzweise 1 Vanillezucker, 100 g
gehackte Pistazien

Zubereitung:

Sahne, Honig und Vanille bzw. Vanillezucker werden in einen kleinen Topf gegeben und unter ständigem Rühren erhitzt.
Sobald sich der Honig ganz aufgelöst hat,
nimmt man den Topf vom Herd und rührt
den Jogurt und die Pistazien unter.
Das Ganze wird dann wie gewohnt eingefroren.

Erdbeereis

Zutaten: 200 g frische Erdbeeren, 200 g Sahne, 100 g Zucker oder Honig

Zubereitung:
Die Sahne wird mit dem Zucker oder dem Honig erhitzt. Sobald sich alles aufgelöst hat, nimmt man den Topf vom Herd. Von den gewaschenen Erdbeeren werden die Stiele entfernt; dann werden die Früchte püriert. Dieses Erdbeermus hebt man nun unter die Sahnemasse und friert das Ganze ein.

Tipp:
An Stelle der Erdbeeren kann man auch jede andere Obstsorte verwenden, die sich pürieren lässt: Nektarinen, Heidelbeeren, Ananas, Bananen, Aprikosen usw.

Erdbeer-Kiwicreme

Zutaten pro Person: 5 Erdbeeren, 1 TL Honig, 1 Kiwi, 1 MSP gemahlene Vanille, 50 g Naturjogurt, 50 g Sahne, ggf. gehobelte Mandeln

Zubereitung:
Die Erdbeeren werden püriert und mit dem Honig vermischt. Dann schält man die Kiwi und schneidet sie in dünne Scheiben. Die Sahne wird steif geschlagen und der Naturjogurt und die Vanille untergehoben. Nun werden die verschiedenen Zutaten schichtweise in ein hohes Glas gefüllt: unten die Hälfte der Kiwischeiben, dann die Jogurtcreme, etwas Erdbeermus, wieder Jogurtcreme, Erdbeermus und schließlich noch einmal Jogurtcreme. Mit den restlichen Kiwischeiben und ggf. den gehobelten Mandeln wird das Ganze dekoriert.

Tipp:
Je kühler diese Erdbeer-Kiwicreme serviert wird, desto besser schmeckt sie!

Beerenkuchen

Zutaten für 4 Personen: 250 g Mascarpone, 250 g Quark, 50 g Schlagsahne, 1 Paket Löffelbiskuits, 500 g frische Erdbeeren oder ersatzweise 2 kleine Gläser Preiselbeeren, 2 EL Zucker, 5 Tropfen Bittermandel

Zubereitung:

Die Sahne wird steif geschlagen und Quark und Mascarpone untergehoben. In diese Masse rührt man den Zucker und die Bittermandel hinein.

Der Boden einer Auflaufform wird ganz mit Löffelbiskuits bedeckt. Darauf gibt man die Hälfte der Quarkcreme, dann folgt wieder eine Schicht Löffelbiskuits und schließlich die restliche Quarkcreme, die man gut verstreicht. Dann wird das Ganze mit den gewaschenen, entstielten und halbierten Erdbeeren bedeckt.

Der Beerenkuchen muss noch einen Tag im Kühlschrank durchziehen, damit die Löffelbiskuits schön weich werden. Köstlich!

Tipp:

Wer mag, kann den Beerenkuchen noch mit gehobelten Mandeln bestreuen. Auch hier lässt sich natürlich an Stelle der Erdbeeren anderes Obst verwenden.

Bananenquark mit Krokant

Zutaten pro Person: 1/2 Banane, 2 TL Honig, 2 EL Quark, etwas Vollmilch, 1 TL Butter, 1 TL gemahlene Mandeln oder Haselnüsse, 1 TL gehackte Mandeln oder Haselnüsse

Zubereitung:

1 TL Honig und der Quark werden miteinander verrührt und mit etwas Milch schön cremig geschlagen. Anschließend schneidet man die Banane in Scheiben und hebt sie unter die Quarkmasse.

Nun wird der Krokant zubereitet. Dazu bringt man in einer Pfanne die Butter und 1 TL Honig zum Schmelzen. Sobald die Masse eine leicht bräunliche Farbe bekommt, fügt man unter ständigem Rühren die Mandeln hinzu. Sind auch diese leicht gebräunt, nimmt man die Pfanne vom Herd und rührt noch einen Moment weiter. Der abgekühlte Krokant wird schließlich über den Quark gebröselt - fertig!

Tipp:

Selbst gemachter Krokant schmeckt einfach köstlich! Da die Herstellung jedoch etwas mühselig ist, kann man sinnvollerweise auch etwas mehr herstellen und einen Vorrat anlegen. In einem verschlossenen Glas oder Plastikbehälter hält er sich lange frisch. Der Krokant schmeckt übrigens auch wunderbar zu Eis, Obstsalat oder anderen Quark- und Jogurtspeisen!

Obstsalat

Text: Lore Kleikamp / Musik: Detlev Jöcker

Kanon

① Di - cke sü - ße Äp - fel. ② Blau - e saf - ti - ge Pflau - men.

③ Vie - le ro - te Jo - han - nis - bee - ren. ④ Krum - me Ba - na - nen.

Sommerliche Grillparty

Paprikabutter

Zutaten: 375 g Butter, je 1/2 grüne, gelbe und rote Paprika, 1 Knoblauchzehe, Salz, Paprikapulver edelsüß

Zubereitung:
Die Paprikahälften werden sehr fein gewürfelt. Die Knoblauchzehe wird geschält und ebenfalls zerkleinert, am besten mit Hilfe einer Knoblauchpresse. Knoblauch, Paprikagewürz und Salz knetet man unter die Butter; zum Schluss werden die Paprikawürfel zugegeben.
Die Butter wird in einer kleinen Schale angerichtet und mit einigen übrig gelassenen Paprikawürfeln oder mit Paprikapulver dekoriert.

Tipp:
Wenn man die Butter einige Zeit vor dem Zubereiten aus dem Kühlschrank nimmt, ist sie weicher und lässt sich besser durchkneten.
Übrigens schmeckt die Paprikabutter noch besser, wenn man sie einen Tag vor dem Verzehr zubereitet, denn dann kann sie besser durchziehen.

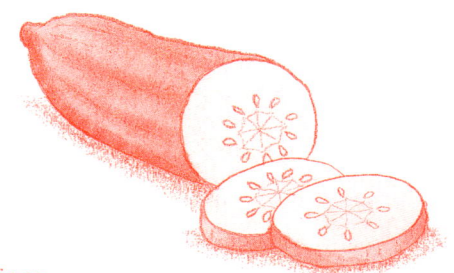

Gefüllte Gurkenscheiben

Zutaten: 1 Salatgurke, 100-150 g Kräuterfrischkäse, ggf. etwas Milch

Zubereitung:
Die Salatgurke wird geschält oder gründlich gewaschen. Dann schneidet man sie in 3-5 cm dicke Scheiben und höhlt diese in der Mitte aus, am besten mit einem Apfelausstecher. In die so entstandenen Öffnungen füllt man den Kräuterfrischkäse. Falls dieser zu hart sein sollte, kann man ihn vorher mit ein wenig Milch cremig rühren.
Die gefüllten Gurkenscheiben werden vor dem Verzehr noch eine Weile kühlgestellt.

Tipp:
Der Frischkäse kann noch nach Belieben zum Beispiel mit einer gehackten Zwiebel oder mit gepresstem Knoblauch verfeinert werden.
Mit Hilfe von Zahnstochern und buntem dreieckigem Papier kann man übrigens aus den gefüllten Gurkenscheiben lustige Segelboote werden lassen!

Partysonne

Zutaten: 500 g Weizenvollkornmehl, 1 Würfel frische Hefe, 1 TL flüssiger Honig, 150 ml Vollmilch, 50 g Butter, nach Belieben etwas Sesamkörner, Leinsamen, Mohn, Sonnenblumenkerne, Haferflocken o.Ä.

Zubereitung:

Das Weizenvollkornmehl gibt man in eine Schüssel, drückt eine faustgroße Vertiefung in die Mitte und bröselt dort die Hefe hinein. Über die Hefe wird der Honig gegeben. Die Milch wird lauwarm erhitzt, ebenfalls über die Hefe geschüttet und alles mit etwas Mehl vorsichtig zu einem Brei verrührt. Die Butter setzt man in Flöckchen an den Schüsselrand.

Nun wird die Schüssel mit einem Tuch abgedeckt und an einen warmen, zugfreien Ort gestellt. Wenn die Hefe ein paar Blasen geworfen hat, knetet man alles gut durch und formt eine schöne Kugel. Falls der Teig noch zu sehr an den Händen klebt, gibt man noch etwas Mehl hinzu.

Wieder wird die Schüssel abgedeckt und für 30-60 Minuten an einen warmen Ort gestellt, bis der Teig deutlich aufgegangen ist. Dann werden aus der Teigkugel einige kleine Bällchen geformt und diese zu einer „Partysonne" aneinander gefügt. Diese lässt man auf einem gefetteten Backblech noch einmal einige Minuten gehen. Dann pinselt man sie mit lauwarmem Wasser ein und bestreut die einzelnen Brötchen nach Belieben mit verschiedenen Körnern.

Die Partysonne wird bei 175° ungefähr 30 Minuten gebacken.

Tipp:

Die Backzeit kann je nach Ofen ganz unterschiedlich sein. Sobald die Oberfläche leicht gebräunt ist, ist die Partysonne fertig. Wenn man eine feuerfeste Schale mit heißem Wasser in den Backofen stellt, trocknet die Partysonne während des Backens nicht aus.

Kräuterhörnchen

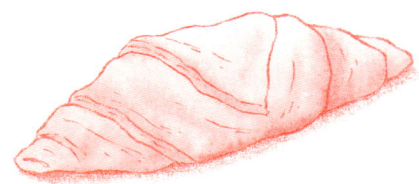

Zutaten: 250 g Weizenvollkornmehl, 2 TL Backpulver, 6 EL Sonnenblumenöl, 1 Ei, 175 g Quark, 1 kleiner Becher Crème fraîche, 1 Paket Tiefkühl-Kräutermischung, etwas Schafskäse, Kräutersalz

Zubereitung:

Mehl, Backpulver, Öl, Ei und Quark gibt man in eine Schüssel und verknetet alles zu einem geschmeidigen Teig. Falls dieser noch an den Händen klebt, gibt man etwas mehr Mehl hinzu. In einer weiteren Schüssel werden Crème fraîche, Kräuter, Salz und der zerbröselte Schafskäse gut miteinander verrührt.

Nun rollt man den Quark-Öl-Teig gleichmäßig aus und schneidet ihn in Dreiecke. Auf jedes Dreieck gibt man einen Teelöffel von der Kräuter-Käsemasse und rollt die Teigstücke dann zu kleinen Hörnchen zusammen. Diese legt man auf ein gefettetes oder mit Backpapier ausgelegtes Backblech und lässt sie bei 175° ungefähr 20 Minuten im Ofen.

Tipp:

Diese vollwertigen Kräuterhörnchen eignen sich als gesunder Pausensnack im Kindergarten, der Schule und natürlich auch für die „Großen" im Büro! Sie sind warm und kalt ein Genuss und lassen sich problemlos einige Tage aufbewahren.

Knusprige Zucchinischeiben

Zutaten: Einige dicke Zucchini, Salz, ggf. Pfeffer, Alufolie

Zubereitung:

Die Zucchini schneidet man in etwa 1-2 cm dicke Scheiben und reibt diese jeweils auf beiden Seiten mit Salz ein. Wer mag, kann auch ein wenig Pfeffer darauf geben.

Anschließend werden die Zucchinischeiben auf einem mit Alufolie bedeckten Rost gegrillt. Eine Köstlichkeit, die kinderleicht und schnell zuzubereiten ist!

Kräutercreme und Backkartoffeln

Zutaten: 500 g Schmand, 100 g Naturjogurt oder etwas Milch, frische Kräuter (beispielsweise Dill, Schnittlauch oder Petersilie), Salz, Alufolie, pro Person eine große Kartoffel

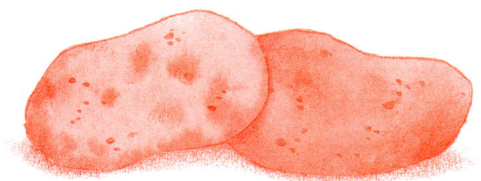

Zubereitung:

Die Kartoffeln werden sorgfältig gewaschen und anschließend einzeln in Alufolie gewickelt. Auf einem Backblech lässt man sie im Ofen bei 150° ungefähr 45 Minuten garen. Je nach Größe der Kartoffeln kann sich die Backzeit allerdings auch verkürzen oder verlängern. Am besten sticht man zwischendurch mit einer Gabel hinein, um zu prüfen, ob sie gar sind.

In der Zwischenzeit bereitet man die Kräutercreme zu. Dazu wird der Schmand mit dem Jogurt oder der Milch zu einer cremigen Masse verrührt. Dann gibt man die klein geschnittenen Kräuter hinzu und rührt diese ebenfalls unter. Mit dem Salz wird die Kräutercreme abgeschmeckt.

Tipp:

Die Kräutercreme lässt sich noch nach Belieben verfeinern. Beispielsweise kann man frischen Knoblauch, eine fein gehackte Zwiebel oder auch einen Löffel mittelscharfen Senf hinzufügen.

Gegrillte Maiskolben

Zutaten: Einige frische Maiskolben, Backpinsel, Olivenöl, Kräutersalz

Zubereitung:

In einer kleinen Schüssel verrührt man das Olivenöl mit dem Kräutersalz. Mit diesem Kräuteröl werden die gewaschenen Maiskolben rundherum gut eingepinselt und auf dem Grill gegart, wobei sie immer wieder gedreht werden.

Tipp:

Bei schlechtem Wetter kann man zum Garen natürlich auch auf eine ganz normale Bratpfanne zurückgreifen.

Tortellinispieße mit grüner Sauce

Zutaten für die Spieße: 250 g Käse-, Spinat-
oder Gemüsetortellini, rote, grüne und gelbe Paprika, Oliven, Salz, Paprikapulver edelsüß, hölzerne Schaschlikstäbe

Zutaten für die Sauce: 2 Eier, 4 EL Olivenöl,
1/2-1 TL Ketchup oder ersatzweise Toma-
tenmark, 1 TL milder Senf, 1 TL Zitronensaft,
Kräutersalz, 150 g Naturjogurt, 2 EL fein gehackte Kräuter

Zubereitung:

Die Tortellini werden nach Packungsanwei-
sung gekocht und zum Auskühlen beiseite
gestellt. Die Paprikaschoten schneidet man
in Würfel, die ungefähr dieselbe Größe wie
die Nudeln haben. Dann werden abwechselnd Tortellini, Oliven und von jeder Farbe
jeweils ein Paprikawürfel auf die Schaschlik-
spieße gesteckt. Vor dem Grillen würzt man
noch nach Belieben mit Salz und edelsüßer
Paprika.

Für die grüne Sauce kocht man die Eier hart
und hackt sie nach dem Auskühlen sehr
fein. Öl, Ketchup, Senf, Zitronensaft, Jogurt
und Kräuter werden gut miteinander verrührt. Zum Schluss hebt man die Eiwürfel unter und schmeckt mit dem Salz ab.
Gut gekühlt schmeckt diese Sauce übrigens am besten!

Coole Drinks

Flüssiger Pfirsich

Zutaten pro Person: 1 reifer Pfirsich oder ersatzweise 1 Nektarine, 1 EL flüssiger Honig oder Ahornsirup, 1 MSP gemahlene Vanille, 100 ml Buttermilch

Zubereitung:
Den Pfirsich wäscht man gut ab, schneidet ihn in der Mitte durch und entfernt den Kern. Die eine Pfirsichhälfte wird klein gewürfelt, die andere püriert. Das Pfirsichpüree rührt man mit dem Ahornsirup oder dem Honig und der Vanille in die Buttermilch und gießt das Ganze in ein Glas. Die kleinen Pfirsichwürfel werden darüber gestreut und alles mit einem kleinen Löffel serviert - fertig!

Tipp:
An Stelle der Buttermilch kann man auch normale Vollmilch nehmen und 1 EL Jogurt hineinrühren.
Außerdem sieht es lustig aus, wenn man in das Glas einen bunten Strohhalm steckt. Kalt serviert schmeckt dieser Drink übrigens am allerbesten!

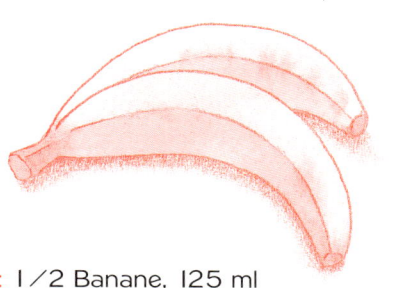

Bananenmilch

Zutaten pro Person: 1/2 Banane, 125 ml Vollmilch, 1 EL Jogurt, 1 TL Zitronensaft, etwas Zimt

Zubereitung:
Die Banane wird fein püriert und mit der Milch verrührt. Dazu gibt man Jogurt, Zimt und Zitronensaft und rührt auch dies gut unter.

Tipp:
Wer mag, kann die Bananenmilch mit einer Scheibe Zitrone dekorieren, die bis zur Mitte eingeschnitten und dann auf den Rand des Glases gesteckt wird.

Erdbeerbowle

Zutaten: 500-750 g frische Erdbeeren, 2 Liter Mineralwasser, je nach Süße 3-5 EL Himbeersirup

Zubereitung:

Die Erdbeeren werden gewaschen und die Stiele werden entfernt. Dann halbiert man die Früchte, damit sie ihr Aroma besser entfalten können, und schüttet sie in einen Bowlentopf oder in ein anderes großes Glasgefäß. Nun werden das Mineralwasser und schließlich der Himbeersirup gut untergerührt. Zwischendurch sollte man immer wieder probieren, damit die Bowle nicht zu süß wird!
Wie bei der „echten" Bowle werden dazu kleine Spieße oder Piker gereicht.

Himbeermilch

Zutaten pro Person: I EL frische oder ersatzweise tiefgekühlte Himbeeren, IOO ml Milch, I EL flüssiger Honig, I kleine Kugel Vanilleeis

Zubereitung:

Die Himbeeren werden püriert und mit dem Honig vermengt. Dieses Fruchtgemisch füllt man in ein Glas mit Milch, rührt alles kräftig um und gibt zum Schluss eine Kugel Vanilleeis hinzu.

Tipp:

Wer mag, kann zusätzlich einige Schokoladenstreusel darüber streuen oder einen kleinen Klecks Schlagsahne zugeben.

Fruchtige Apfelschorle

Zutaten pro Person: 60 ml Apfelsaft, 120 ml
Mineralwasser, 1/2 Apfel

Zubereitung:
Der Apfelsaft wird in ein Glas geschüttet und
das Mineralwasser hinzugegeben. Dann
schneidet man die entkernte Apfelhälfte in
kleine Würfel und gibt diese mit in das Glas.
Fertig ist die fruchtige Apfelschorle!

Ananascocktail

Zutaten pro Person: 50 g frische Ananas,
50 ml Ananassaft, 100 ml Mineralwasser,
1 TL Honig, 1 EL Kirschen

Zubereitung:
Die Ananas wird in kleine Würfel geschnitten,
die Kirschen entsteint. (Falls man Kirschen aus
dem Glas nimmt, sollte man sie vorher gut ab-
tropfen lassen!) Dann vermischt man in einem
Glas den Ananassaft mit dem Wasser, rührt
den Honig hinein und gibt das Obst hinzu.
Dazu wird ein Löffel oder Holzspieß gereicht.

Tipp:
Den Honig benötigt man nur, wenn frische
Ananas verwendet wird. Ananas aus der
Dose ist schon ausreichend gesüßt!
Übrigens schmeckt der Ananascocktail mit
einem Eiswürfel oder einer Kugel Vanilleeis
noch besser!

Waldmeistertrunk

Zutaten: 200 ml Mineralwasser, 1 TL Wald-
meistersirup, 1 Kiwi

Zubereitung:
Die Kiwi wird geschält und in Würfel ge-
schnitten. Den Sirup mischt man mit dem
Mineralwasser und gibt die Kiwi hinein.

Tipp:
Wenn man diesen Waldmeistertrunk für eine
Feier oder einen Kindergeburtstag in größe-
rer Menge vorbereiten möchte, kann man
ihn einen Tag vorher ansetzen und frischen
Waldmeister darin ziehen lassen. Lecker!

Die Autorin

Sabine Seyffert, staatl. anerkannte Erzieherin, Entspannungspädagogin und Psychologische Beraterin, ist freiberuflich tätig. Ihre Schwerpunkte bilden Veranstaltungen zu Ihren Buchveröffentlichungen sowie Fortbildungsveranstaltungen für PädagogInnen. Als Gastreferentin ist sie auch in der Ausbildung zum Entspannungstrainer für Kinder tätig, die eine Kollegin mit großem Erfolg anbietet.

Beim Menschenkinder Verlag sind bisher folgende Bücher von der Autorin erschienen:

Ein Himmel voller Luftballons
100 Spiele mit Luftballons zum Toben, Entspannen und Träumen
Menschenkinder Verlag 1996

Dschungelfest und Ritterparty
Entspanntes Feiern mit Kindern
Menschenkinder Verlag 1996

Viele kleine Streichelhände
Kinder massieren Kinder
Menschenkinder Verlag 1997

Meine WeihnachtsZauberwelt
Ein Adventskalenderbuch mit vielen Ideen rund um die Weihnachtszeit
Menschenkinder Verlag 1998

Im Kribbel Krabbel Mäusehaus
Ein Beschäftigungs- und Spielbuch für die Allerkleinsten
Menschenkinder Verlag 1999

Laternentanz und Lichterglanz
Spiele, Lieder und Basteleien rund um die Laternenzeit
Menschenkinder Verlag 1999

Wer Interesse an Veranstaltungen und der Ausbildung zum Entspannungstrainer hat, wird gebeten, sich schriftlich an folgende Anschrift zu wenden.
Bitte legen Sie unbedingt 4,40 DM in Briefmarken als Schutzgebühr bei:

Sabine Seyffert
Schlüssel 122
42329 Wuppertal

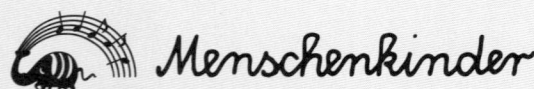